中國學術思想 研究輯刊

二八編

林慶彰 主編

第8冊

唐代音樂賦之思想研究（下）

曾愛玲 著

花木蘭文化事業有限公司

國家圖書館出版品預行編目資料

唐代音樂賦之思想研究（下）／曾愛玲 著 — 初版 — 新北市：
花木蘭文化事業有限公司，2018〔民107〕
目 2+156 面；19×26 公分
（中國學術思想研究輯刊 二八編；第 8 冊）
ISBN 978-986-485-478-3（精裝）
1. 賦 2. 文學評論 3. 唐代
030.8　　　　　　　　　　　　　　　　107011420

ISBN-978-986-485-478-3

9 789864 854783

中國學術思想研究輯刊
二八編　第 八 冊　　　　　　ISBN：978-986-485-478-3

唐代音樂賦之思想研究（下）

作　　者　曾愛玲
主　　編　林慶彰
總 編 輯　杜潔祥
副總編輯　楊嘉樂
編　　輯　許郁翎、王　筑　美術編輯　陳逸婷
出　　版　花木蘭文化事業有限公司
發 行 人　高小娟
聯絡地址　235 新北市中和區中安街七二號十三樓
　　　　　電話：02-2923-1455／傳眞：02-2923-1452
網　　址　http://www.huamulan.tw 信箱 hml810518@gmail.com
印　　刷　普羅文化出版廣告事業
封面設計　劉開工作室
初　　版　2018 年 9 月
全書字數　274470 字
定　　價　二八編 12 冊（精裝）新台幣 22,000 元

唐代音樂賦之思想研究（下）

曾愛玲　著

目

次

第五章　唐代音樂賦敘寫之儒家音樂思想

　　儒家的禮樂思想從「人性」和「人德」角度對音樂的本質加以討論，強調音樂文化中之人文精神。周代禮樂制度完備後，儒家音樂思想將「樂」與倫理、審美合而爲一，從道德情感中體驗美的境界。〔註1〕強調「樂」的道德教化作用，並以政治倫理角度審察各種藝術活動。因此，「禮樂」乃爲統治需要而提出，其意涵不止於孔子非議的徒具鐘鼓玉帛，也不止於節文致和、應天配地而已，〔註2〕規範人際關係、日常生活、祭祀饗宴、維繫階級制度。被上綱到政權建立的高度，其政治意涵高過文化意涵。

　　如前章所敘，唐代的樂舞繽紛，音樂表現華麗，演奏技巧細膩。這與儒家反對鄭聲，以其爲「淫於色而害於德」，不利於治國安邦及教育民眾的說法並不一致。從代宗、德宗年間，爲抗衡宦官而重視傳統教化之儒家思想，並以儒家樂教思想爲題作爲朝廷試賦，積極宣揚儒家統治思想。政治策略上將音樂享樂宴會功能修正爲修己治國、祭祀典禮之政治功能。唐賦家在寫作時，對儒家音樂思想發展過程、內容有否繼承？特別關注的焦點爲何？在概念上、知識上引經據典所本爲何？對於歷朝音律的附會是依循舊章還是提出不同見解？在探討唐音樂賦所敘述儒家音樂思想的內容時，亦當了解敘寫之特色。

〔註 1〕　見蒙培元：〈儒家論「樂」〉，《中國哲學的詮釋與發展》，（北京：北京大學出版社，1999 年），頁 87。
〔註 2〕　李時銘：〈作樂思想的理論及其實踐〉，頁 43～64。

第一節　儒家音樂思想發展

　　儒家重視人的情感體驗，且帶有哲學的內涵，它把倫理和審美合而爲一，從道德情感中體驗美的境界，這就是「樂」。以樂爲最高境界的情感體驗，並將眞善美結合起來，形成儒家音樂思想的特點。

壹、先秦儒家音樂思想發展

　　孔子（前 551 年～前 479 年）的音樂思想主要集中在《論語》中。其藝術觀提及「詩」是美善的心志抒發，「禮」是人與人之間關係或行爲的美善狀態，「樂」是人內心情感的喜悅，將三者並提，要求樂合乎禮的規範。而禮樂的本質是仁，仁是道德，樂是藝術，禮樂無仁，則徒具形式。〔註3〕禮樂表現皆當本乎仁心，以樂陶冶人性情，完成完美人格。

　　在音樂形式與內容上，要求音樂「文質彬彬」、「盡善盡美」〔註4〕；重視音樂內容的善，提出「思無邪」、「樂而不淫，哀而不傷」的審美準則；重視音樂的社會功能及在政治教育上的功用，認爲「成人」必須「文之以禮樂」、「爲政」必須「興禮樂」。認爲「鄭聲淫」、「惡鄭聲之亂雅也」，反對鄭聲，提倡雅樂。孔子以樂修身，以樂治國的理想，建立儒家音樂美學思想。

　　《國語》〔註5〕保留部分儒家音樂思想資料，〈晉語〉中師曠對於「新聲兆衰」的說法，〈周語〉中單穆公「大不出鈞，重不過石」及伶州鳩「大不逾宮，細不過羽」的限制，關於「政象樂，樂從和，和從平」、「道之以中德，聽之以中音，德音不愆，以和神人」的論述，提出了「和」與「同」、「中德」與「中音」的觀點。

　　儒家經典之一的《左傳》，在音樂思想範疇中，眾仲「節八音而行八風」、郤缺「無禮不樂」、子產「章爲五聲，淫則昏亂，民失其性」，〔註6〕論及音樂與禮的關係；季札讚美「思而不貳，怨而不言……哀而不愁，樂而不荒」的

〔註3〕　〈八佾〉：「人而不仁，如禮何？人而不仁，如樂何？」〈泰伯〉：「興於詩，立於禮，成於樂。」〈陽貨〉：「樂云樂云，鐘鼓云乎哉？」《論語注疏》，卷3，頁3；卷8，頁4；卷17，頁6。

〔註4〕　〈八佾〉：「子謂〈韶〉，盡美矣，又盡善也。謂〈武〉，盡美矣，未盡善也。」《論語注疏》，卷3，頁15。

〔註5〕　分別見韋昭解：《國語》。本文《國語》採用臺北藝文印書館《百部叢書集成》影印《士禮居叢書》本。

〔註6〕　分別見〈隱公五年〉、〈文公七年〉、〈昭公二十五年〉。《春秋左傳正義》，卷3，頁26；卷19，頁17；卷51，頁9。

樂音，提出「觀風知樂」的理念；〈昭公元年〉記錄「煩手淫聲，慆堙心耳，
乃忘平和」，闡述「中聲」與「淫聲」對立的概念；晏嬰擴展「和」與「同」
的思想，不同元素相輔相成使樂趨於「和」、「平」，要求「濟其不及，以洩其
過」，提出君臣之道與音樂之理同。〔註7〕

　　同為儒家經典的《周易》、《尚書》、《周禮》，雖論樂文字不多，但《周易》
「先王以作樂崇德」〔註8〕的思想，論及以樂舞娛樂天神人鬼，求得助佑，是
上古社會生活的反映。《尚書・堯典》「命夔典樂」，闡述上古音樂美學經驗，
「直而溫，寬而栗，剛而無虐，簡而無傲」闡述培育音樂素養之具體目標，
「詩言志，歌永言，聲依永，律和聲」反映出詩、歌、聲、律相互的關係及
濡染，達到「八音克諧無相奪倫」之音樂教化功能。而〈皋陶謨〉中「戞擊
鳴球，搏拊琴瑟」、「下管鼗鼓，合止柷敔」、「〈簫韶〉九成，鳳凰來儀」、「笙
鏞以間，鳥獸蹌蹌」、「擊石拊石，百獸率舞」，〔註9〕皆為後世文人書寫文章
時常用的典故。《周禮》論及音樂教育思想，提出教國子「樂德」、「樂語」、「樂
舞」的教育目標及音樂審美標準，「致鬼神」、「和邦國」、「諧萬民」、「安賓客」、
「說遠人」、「作動物」的音樂社會功能。〔註10〕

　　孟子（約前372年～前289年）「仁言，不如仁聲之入人深也」的音樂思
想繼承於孔子，《孟子・萬章下》云：

　　　　集大成也者，金聲而玉振之也。金聲也者，始條理也；玉振之也者，

　　　　終條理也。始條理者，智之事也；終條理者，聖之事也。〔註11〕

金聲而玉振，是樂之大和，始終其調理，是禮之大序。

　　《孟子》認為音樂內容為「仁」「義」之德，因此「見其禮而知其政，聞
其樂而知其德」。而「獨樂樂」不如「與眾樂樂」，因此主張「與民同樂」以
使天下得治。其音樂美學建立在仁政思想與性善理論中。〔註12〕

　　荀子（約前313～前238年）「君子之學也，以美其身」，在哲學上主張

〔註7〕　分別見〈襄公二十九年〉、〈昭公元年〉、〈昭公二十年〉。《春秋左傳正義》，卷
　　　　39，頁14、15；卷41，頁26；卷49，頁14～20。

〔註8〕　《周易・豫》：「象曰：雷出地奮，豫。先王以作樂崇德，殷薦之上帝，以配
　　　　祖考。」《周易正義》，卷2，頁35。

〔註9〕　分別見〈堯典〉、〈皋陶謨〉。《尚書正義》，卷3，頁26；卷5，頁14～15。

〔註10〕　《周禮注疏》，卷23，頁8～10。

〔註11〕　《孟子注疏》，（阮元刻《十三經注疏》本，臺北：藝文印書館），卷10上，
　　　　頁2。

〔註12〕　詳見《孟子》〈梁惠王〉、〈盡心〉、〈公孫丑〉等篇。

「性惡論」，〈樂論〉是其音樂思想的核心。〔註13〕在音樂社會功用上強調「樂者……足以牽一道，足以治萬變」，是「天下之大齊，中和之紀」，強調「先王之道，禮樂正其盛者也」。肯定音樂感化人心，陶冶性情的作用，強調「聲樂之入人也深，其化人也速」、「可以善民心，其感人深，其移風易俗易」的教化功能。論及禮與樂的關係，「禮之敬文也，樂之中和也」、「恭敬，禮也；調和，樂也」，認為兩者相反相成、相輔相成；〔註14〕論及樂與欲的關係，主張「以道制欲」、「美善相樂」。音樂於戰爭中可以鼓舞將士勇敢征戰，在和平環境中能使人們溫良禮讓；因此「以時順修」使音樂能為統一天下、鞏固政權服務。

荀子與孔子在樂教內容上是相近的，樂的悅樂之美在同樂和樂，否定鄭衛之音，〔註15〕認為「使夷俗邪音不敢亂雅」、「聲，則凡非雅聲者舉廢」，〔註16〕對樂的追求不應過分而要有所節制。差異則是在核心思想上，孔子主要思想是「仁」，而荀子主要思想是「性惡」。所以孔子的禮樂是與仁互為本與目的，成就人與人關係之美善；荀子的禮樂則是為了要節制人，並導化向善，更具有政治色彩。所以統治者應重視利用音樂輔佐政治，使人民通過音樂的感染，移風易俗，和睦相處，從而鞏固當時中央政府的地位，這就是樂教。〔註17〕

《韓非子》為法家經典，其美學思想直接建立在功利論的基礎上，基本上是反對儒家的文飾，鮮少論及音樂。唯〈十過〉篇以故事說明新聲是「靡靡之樂」、「亡國之音」，是以《國語・晉語》為依據附會而成，對後世儒家樂治思想有所影響。〔註18〕

〔註13〕 見〔清〕王先謙：《荀子集解》。除〈樂論〉外，荀子之音樂思想於〈勸學〉、〈儒效〉、〈王制〉、〈富國〉、〈王霸〉、〈臣道〉、〈強國〉、〈論禮〉、〈正名〉、〈大略〉等篇亦有論述。

〔註14〕 見〈勸學〉、〈臣道〉。〈樂論〉亦云：「樂也者，和之不可變者也；禮也者，理之不可易者也。樂合同，禮別異，禮樂之統，管乎人心矣。窮本極變，樂之情也；著誠去偽，禮之經也。」〔清〕王先謙：《荀子集解》，卷14，頁632。

〔註15〕 〈樂論〉：「姚冶之容，鄭衛之聲，使人之心淫……故君子耳不聽淫聲」。〔清〕王先謙：《荀子集解》，卷14，頁3。

〔註16〕 見〈樂論〉、〈王制〉。〔清〕王先謙：《荀子集解》，卷14，頁11；卷5，頁8。

〔註17〕 韋政通：《荀子與古代哲學》，〈臺北：臺灣商務印書館，1992年〉，頁171。

〔註18〕 本文《韓非子》採用臺北臺灣商務印書館1975年《四部叢刊》初編縮印明嘉靖刊本。參用〔清〕王先慎，鍾哲點校《韓非子集解》，（北京：中華書局，2003年）。陳奇猷校注，《韓非子新校注》，（上海：上海古籍出版社《中華要

雜家之作《呂氏春秋》，音樂思想以儒、道爲主，兼及法、墨、陰陽等諸家的音樂觀。〔註19〕其中，〈侈樂〉篇「自有道者觀之，則失樂之情。失樂之情，其樂不樂。樂、不樂者，其民必怨，其生必傷」，說明音樂與政治的關係。〈適音〉篇申論「樂之務，在於和心，和心在於行適」，對音樂審美主客體關係進行比較，強調「樂有適」、「心有適」、「音亦有適」，認爲樂音的音域和音色要求最好以「黃鐘之宮」爲「本」的一個八度內。〈古樂〉、〈音初〉等記載了遠古音樂傳說。《呂氏春秋》內容涉及音樂本質與起源、音樂與政治關係、審美主客體關係等方面，並以陰陽五行學說帶入儒家音樂思想，影響漢以後儒家音樂思想。

貳、兩漢儒家音樂思想發展

經過春秋戰國諸子百家學說不斷闡釋及辯證，兩漢儒家音樂思想呈現以儒爲主，雜揉各家的現象。

《禮記》除〈樂記〉外，尚有許多篇幅論及儒家音樂思想。〔註20〕如〈孔子閑居〉推崇「君子」推恩於民的志氣，認爲有志才有樂，視君子之志爲禮樂的根本，政治的方法。〈主言〉「至禮不讓而天下治」也爲相似說法，是孔子「禮云禮云，玉帛云乎哉？樂云樂云，鐘鼓云乎哉」〔註21〕的闡發。此外〈禮運〉、〈中庸〉、〈仲尼燕居〉敘述儒家樂教及樂制；〈王制〉、〈文王世子〉、〈仲尼燕居〉闡述以樂示儀等等，《禮記》中的音樂思想以儒家爲主，又帶有陰陽五行、天人合一的色彩。

〈樂記〉代表儒家音樂美學思想的成熟，〈樂本〉篇論述音樂本源，〈樂象〉篇論述音樂特徵，〈樂言〉篇討論作樂之事，〈樂化〉篇論音樂對各人之感化作用，〈樂施〉篇論及對人民教化作用。〈樂論〉、〈樂禮〉、〈樂情〉三篇論及禮樂社會功能。〈賓车賈〉篇記錄了孔子論樂，〈師乙〉篇記錄師乙論樂，〈魏文侯〉記錄子夏論樂。

籍集釋叢書》本）。

〔註19〕《呂氏春秋》的〈大樂〉、〈侈樂〉、〈適音〉、〈古樂〉、〈音初〉、〈本生〉、〈重己〉、〈貴生〉、〈情欲〉、〈制樂〉、〈精通〉、〈本味〉、〈先試〉、〈淫辭〉、〈察傳〉、〈過理〉等篇皆論及音樂，保存了不少古代的音樂美學思想資料。

〔註20〕例如〈孔子閑居〉、〈曲禮〉、〈檀弓〉、〈王制〉、〈文王世子〉、〈禮運〉、〈郊特牲〉、〈內則〉、〈玉藻〉、〈明堂位〉、〈經解〉、〈仲尼燕居〉、〈中庸〉等篇亦涉及儒家的音樂思想。

〔註21〕《論語注疏》，卷17，頁6。

〈樂記〉肯定「樂」之教化作用，云：「德者，性之端也。樂者，德之華也。」故「樂者，通倫理者也」。在政治上有所謂「聲音之道，與政通」之「審樂知政」思想。而「德成而上，藝成而下，行成而先，事成而後」，〔註22〕強調思想內容是主要，技藝學習是次要；品德修養是首要，事情完成是次要。〈樂記〉對歷史上音樂及詩歌理論等文藝思想發展，產生很大影響。司馬遷《史記》，以至歷朝史志、通典、通志、通考、通鑑，凡論樂者，幾乎無不引證〈樂記〉。唐代音樂思想，亦深受〈樂記〉影響，於唐音樂賦中可窺見出。

司馬遷（約前145～？）《史記》，於〈太史公自序〉曰：

> 樂者，所以移風易俗也。自雅、頌聲興，則已好鄭衛之音，鄭衛之音所從來久矣。人情之所感，遠俗則懷。比〈樂書〉以述來古，作〈樂書〉第二。〔註23〕

〈樂書〉認為雅頌之音可使「民正」，導致「天下治」，鄭衛之音則使「心淫」，導致「身死國亡」。強調「正教者皆始於音，音正則行正」，以雅頌之音「養行義而防淫佚」，使天下歸於治，總結「樂不可以妄興」之歷史經驗。而以五音附會脾、肺、肝、心、腎，能正聖、義、仁、禮、智。以琴絃比附君臣關係，以聽琴瑟之音修身養心。〔註24〕《史記》音樂美學思想以儒家思想為主體，融合陰陽家五行思想觀念，與〈樂記〉音樂觀點是相似的。

陸賈（前240～前170年）作《新語》，認為禮樂是「天道之所立，大義之所行」，其功用可以「節奢侈、正風俗、通文雅」。所以有了禮樂便可以「師旅不設」、無為而治。開啓賈誼、董仲舒的思想，成為漢代確立儒家思想統治地位之先聲。哲學上提出宇宙萬物都是「天地相承，氣感相應而成者」，反對神仙迷信思想。但也有聖人「承天誅惡」和天人感應的神秘思想，反映了儒、道相互濡染的音樂思維。〔註25〕

「孔子學鼓琴於師襄子」的故事載於《韓詩外傳》〔註26〕，主要是說明

〔註22〕見《禮記注疏》，卷38，頁12、18；卷37，頁4～8。
〔註23〕〔漢〕司馬遷：《史記》，卷130，頁18。
〔註24〕見〔漢〕司馬遷：《史記·樂書》，卷24。
〔註25〕本文《新語》採用臺北藝文印書館《四庫善本叢書》本。
〔註26〕見《韓詩外傳》卷5，第七章。同一記述也見於《淮南子》、《史記·孔子世家》、《孔子家語》與《列子》等，惟文字互有出入。除此，《韓詩外傳》卷2，第二十九章；卷5，第十六章；卷6，第二十一章等篇亦有儒家音樂思想方面的論述。〔漢〕韓嬰：《韓詩外傳》，（臺北：藝文印書館《百部叢書集成》影印

學習樂曲的過程是漸進的，「得其曲……得其數……得其意……得其人……得其類」，音樂能表現人形體相貌，欣賞者通過音樂「得其類」而了解作者為人。較不同於先秦儒家聚焦於音樂功能，討論到純音樂表現力和審美感受的問題。

董仲舒（前 179 年～前 104 年）建議「諸不在六藝之科、孔子之術者，皆絕其道，勿使並進。」主張更化善治，「前德而後刑」，為漢武帝（前 141 年～前 87 年在位）所採納，使儒學成為中國社會正統思想，影響長達二千多年。作《春秋繁露》，於〈楚莊王〉、〈玉杯〉、〈立元神〉、〈保位權〉、〈三代改制質文〉、〈五行五事〉等篇，闡述對音樂的看法。強調禮樂是治國根本，認為音樂需由新興的「王者」而作，以王者功德為本質內容，即「王者功成作樂」的思想。音樂的功能則是「和政」、「興德」，用於治理天下，使「子孫長久安寧」〔註27〕。

劉向（約前 77 年～前 6 年）作《說苑》，於〈善說〉、〈修文〉、〈琴錄〉等篇，保存部分儒、道音樂美學資料。關於「北鄙之聲」的論述提出「崇中抑末」、「褒樂貶哀」，主張「溫和」、「生育」，反對「剛厲」、「殺伐」之音樂審美觀，是對孔子儒家思想的附會與引申。

揚雄（前 53 年～18 年）作《法言》，「法言」者謂「合乎理法之言」。於〈修身〉、〈問道〉、〈寡見〉、〈先知〉等篇，記錄儒、道音樂美學資料。〔註28〕在儒家音樂思想方面，揚雄崇尚雅頌，貶斥鄭魏。反對音調複雜多變、情緒激烈奔放，提出「中正則雅，多哇則鄭」的音樂審美標準。

班固（32 年～92 年）作《白虎通》〔註29〕，繼承〈樂記〉之儒家音樂美學思想，認為六律能「助天地，成萬物」，先王「推行道德」是為了「調和陰陽」，陰陽五行化之後的音樂因而更加神秘。

參、魏晉至隋代儒家音樂思想發展

〈樂論〉是阮籍論樂的專著，認為音樂能「移風易俗」，「夫正樂者，所

《畿輔叢書》本）。

〔註27〕 本文《春秋繁露》採用〔漢〕董仲舒著，臺北藝文印書館《百部叢書集成》影印《畿輔叢書》本。

〔註28〕 本文《法言》採用〔漢〕揚雄著，臺北藝文印書館《百部叢書集成》影印《漢魏叢書》本，參用汪寶榮撰：《法言義疏》，（臺北：藝文印書館，1968 年）。

〔註29〕 本文《白虎通》採用臺北藝文印書館《百部叢書集成》影印《抱經堂叢書》本。

以屏淫聲也，故樂廢而淫聲作」。音樂與「刑」、「教」、「禮」同等重要，治國者必須重視音樂的教化作用。另一方面又強調「禮治其外，樂化其內，禮樂正而天下平」，要求樂合乎禮的規範。音樂內容是合「先王之制」、頌「先王之德」。音樂功用是「一天下之意」的政治手段，認爲鄭音使人「好勇」、「犯上」、「淫放」、「棄親」。雅樂則能「化民」、「事神」、「陰陽調和」、「天地交泰」，顯示儒家音樂可以「移風易俗」之思想。如前章所敘，〈樂論〉亦蘊涵道家思想，呈現儒、道相互濡染的音樂思想。

劉勰（465 年～532 年）在《文心雕龍・聲律》篇說明音律所始而先王因之以制樂歌。〈時序〉篇讚美陶唐「德盛化鈞」，從地方歌謠觀察「與世推移，風動於上」的道理。而〈樂府〉篇則崇雅斥鄭、是古非今，肯定「溫恭」的「中和之響」，否定「音辭切至」的樂府民歌，反映宗經復古之音樂思想。〔註30〕

魏晉至隋代音樂思想發展除了延續漢代儒、道或陰陽五行等雜揉之影響，佛教音樂的傳入使當時音樂思想發展更益繽紛。

肆、唐代儒家音樂思想發展

唐代是我國音樂發展的高峰期，出現大量音樂演奏者、演唱家、作曲家等，音樂活動十分活躍。但在音樂理論方面的研究卻不及表演藝術來得蓬勃。帝王音樂主張及思想具體影響到唐代音樂思想的發展，儒家的音樂思想美學觀念在唐代並不發達。

《隋書》總編爲魏徵（580 年～643 年），其中的〈音樂志〉爲長孫無忌（約 597 年～659 年）所作，內容雖爲記載隋代音樂，但理論觀點與美學見解與長孫無忌密切相關。〔註31〕頌揚「雅樂」之和，肯定音樂「樹風成化，象德昭功，啓萬物之情，通天下之志」之社會教化作用。體現「聖人造樂，導迎和氣，惡情摒退，善心興起」的音樂和諧美。〔註32〕

韓愈（768 年～824 年）在〈送孟東野序〉中認爲音樂是「鬱於中而泄於外者」，與〈樂記〉「和順積中，而英華發外，唯樂不可以爲僞」的思想相似。而其「有不得已者而後言，其歌也有思，其歌也有懷」，〔註33〕認爲不平

〔註30〕〔梁〕劉勰：《文心雕龍》，卷 33，頁 6～7。參用詹鍈：《文心雕龍義證》，（上海：上海古籍出版社，1989 年）。
〔註31〕王明居：《唐代美學》，頁 550。
〔註32〕本文《隋書》採用臺北藝文印書館影印武英殿本。
〔註33〕見《昌黎先生文集》，〔唐〕韓愈，（上海：古籍出版社《宋蜀刻本唐人集叢刊》

之鳴才有真實感情，則與司馬遷「意有所鬱結」而「發憤知所為作」的觀念較為接近。

白居易（772年～846年）音樂思想受儒家傳統思想影響較深，但也帶有佛、道色彩。同意音樂能反映政治，在乎善其政，和其情。認為樂器只是發音工具，樂曲只是音樂思維藉以表現的形象。音樂好壞，並不是在於樂器或樂曲，若想要改善音樂，首先須改善政治，〔註34〕具有儒家音樂教育思想特徵。

元稹（779年～831年）在音樂思想上接近白居易的看法，他喜好民間音樂，認為民間音樂有極大的教化意義。〔註35〕

唐代較具體的音樂思想評論並不多見。而唐代賦作命題中，藉音樂來表達儒家政教思想的作品卻不少，記錄儒家音樂思想在唐代發展的線索。但作品大多為功能性的，並不能具體而真實闡述作者本身對音樂的想法，但能反映現實社會與政治對讀書人或求官者思想之期待。

唐帝王重視音樂教化作用，安史之亂後隨著唐王朝衰弱，音樂與文學教化作用更符合在上位者鞏固皇權的需要。儒家美學思想反對悖於「中和」、「平和」的「煩手淫聲」，也排斥以悲為美、以不平為美的「悲樂」，認為不符合「樂者，樂也」的命題，也不符合「平和」的標準。音樂賦在儒家樂教思想、明道說、重功利文學觀及文學自身發展等不同因素影響下，注重「理」

據北京圖書館藏宋蜀刻本影印，1994年），卷19，頁484。

〔註34〕《白氏長慶集・復樂古器古曲》：「樂者本於聲，聲者發於情，情者繫於政。蓋政和則情和，情和則聲和，而安樂之音由是作焉；政失則情失，情失則聲失，而哀淫之音由是作焉。斯所謂聲音之道，與政通矣。……夫器者，所以發聲，聲之邪正，不繫於器之今古也；曲者，所以名樂，樂之哀樂，不繫於曲之今古也。……故臣以為銷鄭、衛之聲，復正始之音者，在乎善其政，和其情，不在乎改其器，易其曲也。……故臣以為諧神人，和風俗者，在乎善其政，懌其心，不在乎變其音，極其聲也。」〔唐〕白居易：《白氏長慶集》，（臺北：藝文印書館，1971年），卷65，頁1595。

〔註35〕元稹〈和李校書新題樂府十二首・立部伎〉：「宋晉鄭女歌聲發，滿堂會客齊喧歌。珊珊珮玉動腰身，一一貫珠隨咳唾。頃向圜丘見郊祀，亦曾正旦親朝賀。太常雅樂備宮懸，九奏未終百寮惰。怠滯難令季札辨，遲迴但恐文侯臥。工師盡取聾昧人，豈是先王作之過。宋沇嘗傳天寶季，法曲胡音忽相和。明年十月燕寇來，九廟千門虜塵涴。我聞此語歎復泣，古來邪正將誰奈。奸聲入耳佞入心，侏儒飽飯夷齊餓。」又〈和李校書新題樂府十二首・驃國樂〉：「古時陶堯作天子，逡迴親聽康衢歌。又遣道人持木鐸，徧采謳謠天下過。……秦霸周衰古官廢，下堙上塞王道頗。共矜異俗同聲教，不念齊民方輇瘥。……教化從來有源委，必將泳海先泳河。是非倒置自古有，驃兮驃兮誰爾訶。」《全唐詩》，卷419，頁4168。

的闡釋。

「王者之爲樂」爲的是歌功頌德，讚揚先王德政，發揚帝王治世。此外犒賞諸侯，政教昌隆，物產富足，精神物質的建設皆已成功，然後始賞以樂。〔註36〕中國古代社會中心思想以君主之治，天人合一之階層統治爲主。此種儒家思想影響唐代音樂賦發展內涵。

第二節　唐代音樂賦敘述之儒家音樂思想

傳統儒家哲學以倫理道德爲中心，把道德原則賦予哲學意義。倫理學範疇的「德」、「德性」、「道德」成爲形而上的思維，除了與自然界規律結合外，亦將道德、人格理想與中國音樂藝術傳統精神加以聯繫，使藝術成爲人格理想的情感表現，在音樂形式上形成道德本體論之思想。

壹、音樂與心

對於「音樂」所涵蓋範圍看來，人類情感最初意義，是展現音樂「心象的動向」，是一種生命感通與交融的美學。〔註37〕

音樂與心的關係，先秦儒家已有論述。荀子認爲音樂美感爲一種天賦本能，強調「心」的作用，即「思維」在音樂活動中的理性判斷〔註38〕。《禮記‧樂記》言：「凡音者，生於人心者也」，「樂者，音之所由生也，其本在人心感於物也。是故其哀心感者，其聲噍以殺；其樂心感者，其聲嘽以緩」等等。認爲音樂並不是天然生成，而是人主體創造之內心活動表現，目的是用來提升內在修養。〔註39〕

貞元十五年（799年）博學宏詞科試〈樂理心賦〉，以「易直子諒油然而

〔註36〕〈樂記〉：「故天子之爲樂也，以賞諸侯之有德者也。德盛而教尊，五穀時孰，然後賞之以樂。」《禮記注疏》，卷38，頁1。

〔註37〕葉維廉認爲「詩」中的三大藝術內涵其各代表著三種「心象」。即，音樂是「心象的動向」，繪畫爲「心象的狀態」，而文學爲「心象的內容」。葉維廉：《從現象到表現》，（臺北：東大圖書，1994年），頁282。

〔註38〕〈天論〉：「心居中虛，以治五官，夫是之謂天君。」卷11，頁14。〈解蔽〉：「心不使焉，則白黑在前而目不見，雷鼓在側而耳不聞，況於使者乎？」卷15，頁1。〈正名〉：「然而徵知必將待天官之當簿其類，然後可也。五官簿之而不知，心徵知而無說，則人莫不然謂之不知。」〔清〕王先謙：《荀子集解》，卷16，頁5。

〔註39〕分別見〈樂記〉，《禮記正義》，卷37，頁3。

生」爲韻，強調「以樂治心」這一命題。其典出於〈樂記〉：

> 君子曰：「禮樂不可斯須去身。」致樂以治心，則易直子諒之心油然
> 生矣。易直子諒之心生則樂，樂則安，安則久，久則天，天則神。
> 天則不言而信，神則不怒而威，致樂以治心者也。〔註40〕

詳細審視樂的作用便是「治心」，認爲音樂能感人，用音樂提高人內心修養，平易、正直、慈愛、誠信之心情就會自然產生。相對於「致禮以治躬」，審視禮的作用是爲了端正儀表舉止，使人莊重恭敬，莊重恭敬就會有威嚴。所以，樂是影響人的內心的，禮是端正人的外表的。詳審禮和樂的道理，再將之付諸行動，便是〈樂理心賦〉題韻的意義。

〈樂理心賦〉目前留下呂溫及獨孤申叔兩篇作品，獨孤申叔討論音樂之「用」，認爲「治樂」是詳審音樂之道理，所以云：

> 心爲靈府，樂有正聲。感通而調暢之理自得，訢合而邪僻之慮不生。
>
> （獨孤申叔〈樂理心賦〉）

認爲詳審於樂，以和治民心。用「樂」培育陶冶向善的情感作用，通過音樂將會使精神境界趨於完美。所以云：

> 在乎大樂同和，至音交暢。聽寂寞而何求，視官冥而無狀。將欲革
> 驕志以純仁，化貪心爲貞諒。在乎思不惑兮心不流。安至樂兮優而
> 柔。順至性之蕩蕩，符大道之油油。純如皦如，足養浩然之氣；融
> 融洩洩，寧抱悄爾之憂。（獨孤申叔〈樂理心賦〉）

認爲音樂效果能使人心向善，能生貞諒之心，能成浩然之氣。禮樂是治身之具，不能須臾離開。如何詳審什麼是好的音樂？獨孤申叔言：

> 是知以德音爲音，則合於仁義。以淫樂爲樂，則比於慢易。〈咸〉〈濩〉
> 作而理亦隨之。鄭衛興而時乃殆而。信至化之所繫，實和樂之攸資。
>
> （獨孤申叔〈樂理心賦〉）

樂之所以異於其他「音」，乃在於「樂」有道德性，所謂「德音之謂樂」。即無德之音只能稱爲「音」，有德之音才能稱爲「樂」。至於金石絲竹製成樂器，只是樂的工具罷了。儒家認爲「樂」的目的是爲了使民心變得善良，而只有「德音」、「和樂」才是高尙，才能修身、齊家、治國、平天下。「德者性之端也，樂者德之華也，金石絲竹樂之器也。」〔註41〕可見，德統攝樂，並通過

〔註40〕　〈樂記〉，《禮記正義》，卷39，頁15。
〔註41〕　〈樂記〉，《禮記正義》，卷38，頁12。

樂的形式、手段，達到德的目的。德音不在於形式與聲音，而在於內心的和諧。君子欣賞音樂，不僅聽鏗鏘聲音，更重要是那樂聲與自己內心情感有所應合，而能引起共鳴。擁護古樂，期望實現堯舜時的治世之音。聖王既能用樂和心，詳審於樂以和治民心，便能敦和以順天。

　　呂溫〈樂理心賦〉探討的是音樂本質特徵，論及音樂與心對應的問題。其開宗明義：

　　　　道無象，天無聲。聖人不有作，曷以觀化成。（呂溫〈樂理心賦〉）

此立論的前提是音樂非自然生成而是人所創作，說明音樂的主觀性。對於樂與心之關係，賦中云：

　　　　因乎心而式是理本，形乎器而強爲樂名。……樂與心冥，則所謂固
　　　　天之縱；心由樂理，亦得夫自明而誠。……有家者理心以此，必返
　　　　天性於自然。（呂溫〈樂理心賦〉）

一般人在自然規律下以樂理「心」，心的想法構成一定形態，並具體賦予「樂」這個名稱。樂與心能夠契合爲一，心得到樂的調理，自然能明亮而眞誠，可使天性回歸自然。

　　音樂是無法從視覺上覺察到它的形與色，它是聽覺的藝術，需用心感受。所以呂溫言：

　　　　且夫樂之作也，一動一息。心之理也，惟清惟直。然後在聽而必聰，
　　　　無入而弗克。節有序，觀貫珠而匪珠；聲成文，見五色而無色。（呂
　　　　溫〈樂理心賦〉）

音樂的動靜起伏，就是心的律動規律，所以有節奏、有旋律、有組織，看似貫珠而不是珠，雖無顏色卻可以感受到其繽紛。

　　呂溫論及「聽」與「思」兩種感受音樂之層次，至高無上、不能感知的音樂，聽了只要覺得美，可以自己用心思考，去感受作品特殊規律及美感，是一種感性美和理性美相結合。〔註42〕音和心的關係在這篇賦中，有了新的看法。

貳、音樂之「善」與「美」

　　傳統樂教是根據音樂中所包含及表現的「道德情感」或者「道德內涵」來「移風易俗」的。「善」爲「道德內涵」中重要的特徵之一，「善」與「美」

〔註42〕袁家浚：〈兩篇不應該被冷落的音樂短賦〉，頁6～8。

能否兼具是評價藝術品的標準。

　　《論語‧八佾》對於〈韶〉樂的評價，所謂「盡美矣，又盡善也」，謂〈武〉「盡美矣，未盡善也」。朱熹注：「美者，聲容之盛；善者，美之實也。」美是藝術形式，善則是指藝術作品的內容而言。〔註43〕〈韶〉與〈武〉在音樂的形式上都很完美，但在樂舞的內容上，〈韶〉體現和平主義思想及禪讓所代表的的美德，超過〈武〉所表達殺伐與征戰的內容。〈樂記〉亦曰：「干戚之舞，非備樂也。」〔註44〕用干戚的武舞，從美的觀點，給人如聲音宏亮、盛大、節奏鮮明等形式特徵，是能「盡美」，但從道德的觀點，卻未能「盡善」，那不算是完備的音樂。

　　唐賦追隨傳統，陳庶〈聞韶賦〉以此為命題，闡述儒家音樂「善」與「美」評論觀點，除此外，相似的論述散見於許多唐音樂賦作品內容中：

　　　　〈韶〉則盡美，聽何可忘。況至德之斯過，聆奇音之孔揚。……是
　　　　知〈武〉也未善，〈濩〉也有慙。均化歸於二八，讓德明乎再三。(陳
　　　　庶〈聞韶賦〉)

　　　　五色不亂以成文，八風不姦而從律。〈大章〉彰之，已合陶唐之代；
　　　　〈韶〉盡美矣，不惟有虞之日。(周存〈太常新復樂懸冬至日薦之圜
　　　　丘賦〉)

　　　　降鑒匪遙。德音孔昭。鄙未善之周〈武〉，甚盡美之虞〈韶〉。(陸復
　　　　禮〈鈞天樂賦〉)

　　　　可以上享天心，可以蕃屏人則。知〈武〉也美而未盡，〈濩〉矣猶有
　　　　慙德。(錢起〈洞庭張樂賦〉)

儒家不認同「為藝術而藝術」的觀點，否定單純審美的音樂及與政治、社會脫離的藝術。要求音樂審美過程與道德感知同步，美與善兩者盡可能達到理想的程度。把藝術內容、形式與人之道德、品質、操守聯繫，形成「道德化審美」的特質：

　　　　是知盡善之樂，非聖人兮孰作；移風之和，助元功之匪訛。(蔣防〈舜
　　　　琴歌南風賦〉)

　　　　美〈韶〉者舜，慚〈濩〉惟殷。未足方其至美，而且讓其樂云。(關

〔註43〕張蕙慧：《中國古代樂教思想論集》，(臺北：文津出版社，1991年)，頁13。
〔註44〕〈樂記〉，《禮記正義》，卷37，頁17。

名〈作樂崇德賦〉）

　　孔子傳承周禮，整理了周代的審美意識，提出「盡善盡美」的藝術審美理想，將音樂活動視爲個體趨向道德完善的途徑。唐代賦家在作品中直接引用孔子欣賞、評論〈韶〉、〈武〉的看法，並無新論。孔子說的「盡美」和「盡善」，原來是指音樂形式優美，內容完善，〔註45〕從而演變成「盡善盡美」這成語，用以形容事物之完善美滿。

參、音樂之正德與淫溺

　　音又有「德音」、「溺音」之分，〈樂記〉「端冕而聽古樂，則唯恐臥；聽鄭衛之音，則不知倦。」〔註46〕記載著子夏對魏文侯論「古樂」與「新樂」，稱前者爲「德音」，後者爲「溺音」。〈樂記〉認爲樂既源於人情，本於政治，情有哀樂，政或良莠，所以樂有「正聲」、「姦聲」、「和樂」、「淫樂」，有「德音」、「溺音」、「古樂」、「新樂」。〔註47〕名稱雖多，但可歸類爲正樂與淫樂。《呂氏春秋・古樂》高誘注：「正，雅也；淫，亂也。」〔註48〕較爲簡要。〈樂記〉思想源自孔子，尊崇先王制作的雅樂，反對鄭衛之聲，提倡中和之音。〔註49〕從音樂的發展來看，春秋時期是儒家所謂禮崩樂壞階段，是傳統古樂與新聲交錯時期。孔子稱〈韶〉、〈武〉爲樂，而不稱鄭聲爲樂，是因爲鄭聲缺乏道德價值的緣故。在此傳統下，唐音樂賦中有不少的篇幅敍述儒家音樂之正德與淫溺。

　　雅樂最根本的依據，在於是否遵從「禮」的規範。凡是符合禮的規範的，就是雅樂，就是德音。唐賦中對正樂多有敍寫：

〔註45〕　例如《警世通言・俞伯牙摔琴謝知音》：「此琴撫到盡美盡善之處，嘯虎聞而不吼，哀猿聽而不啼。」便是描述伯牙之琴藝發揮到極致時，可使老虎、猿猴都靜下來聆聽。〔明〕馮夢龍輯：《警世通言》，（上海：上海古籍出版社《續修四庫全書》據《黃岡王氏》刻本影印），卷1，頁6。

〔註46〕　〈樂記〉，《禮記正義》，卷38，頁19。

〔註47〕　見〈樂記・樂象〉及〈樂記・魏文侯〉篇。

〔註48〕　《呂氏春秋》，卷5，頁8。

〔註49〕　如《論語・衛靈公》：「顏淵問爲邦。子曰：『……放鄭聲遠佞人。鄭聲淫，佞人殆。』」《論語・陽貨》：「子曰：『……惡鄭聲之亂雅樂也。』」《論語注疏》，卷15，頁138；卷17，頁157。此外，如《荀子・王制》：「聲則凡非雅聲者舉廢。」；《荀子・樂論》：「姚冶之容，鄭衛之音，使人之心淫。……故君子耳不聽淫聲」，也有類似說法。〔清〕王先謙：《荀子集解》，卷5，頁318；卷14，頁631。

我皇以合天爲德，神化爲勳。鄙銘功於彝器，思播德於樂文。由是
播〈大章〉〈大夏〉，表克長克君。美〈韶〉者舜，慚〈濩〉惟殷。
未足方其至美，而且讓其樂云。（闕名〈作樂崇德賦〉）

俾夫繼〈咸池〉而嗣〈六英〉，越〈大章〉而跨〈大武〉。觀其發徵
含宮，設商分羽。洎清角而雜奏，合五色而相輔。（李程〈匏賦〉）

斯古之所以歌九德，誦六詩。〈咸池〉備矣，〈大章〉繼之。（邵軫〈雲
韶樂賦〉）

若乃曲度是并，不可殫名。雜以〈韶〉〈濩〉，間以〈英〉〈莖〉。追
宣尼之前聞，是能忘味；念師乙之舊說，各辨遺聲。（李程〈大合樂
賦〉）

〈五英〉〈六莖〉之義，〈咸池〉〈大章〉之徒。與歷代而共樂，非古
有而今無。（闕名〈吳公子聽樂觀風賦〉）

這些作品認同以〈樂記〉中六代聖王之樂爲正樂的代表，其所作的樂爲「德
音」。樂名依帝王的功德而稱。黃帝樂名爲〈咸池〉，因使全民生活進入於文
明境界。堯的樂名〈大章〉，因能將文明生活發揚光大。舜樂名爲〈韶〉，讚
頌舜繼承堯之功績。禹樂名〈夏〉，因能擴拓九州。殷樂名〈濩〉，爲保護人
民而革命。周樂名〈武〉，爲其推翻暴政而革命。〔註50〕。顓頊作之樂曰〈五
莖〉，其義蓋稱顓頊得五德之根莖。〈六英〉相傳爲帝嚳時樂歌名。〔註51〕這
些古帝王之樂稱爲古樂，爲正音、德音。

　　德音表現內斂，德性在其中顯現。故正樂必合道德之光，應四氣之和，
而著萬物之理。雅樂音聲求清明廣大，和正淡雅，五音六律，有節有度，所

〔註50〕　〈樂記〉曰：「〈大章〉，章之也。〈咸池〉，備矣。韶，繼也。夏，大也。殷周
　　　　之樂，盡矣。」此處樂名之先後次序，與《漢書・禮樂志》略有不同。鄭玄
　　　　注曰：「〈大章〉，堯樂名也，《周禮》闕之，或作〈大卷〉。〈咸池〉，黃帝所作
　　　　樂名也，……《周禮》曰〈大咸〉。〈韶〉，舜樂名也，……《周禮》曰〈大韶〉。
　　　　〈夏〉，禹樂名，……《周禮》曰〈大夏〉。『殷周之樂盡矣』言盡人事也。《周
　　　　禮》曰〈大濩〉〈大武〉。」《禮記正義》，卷38，頁2～3。

〔註51〕　《呂氏春秋・古樂》：「帝嚳命咸黑作爲聲歌：〈九招〉、〈六列〉、〈六英〉。」《呂
　　　　氏春秋》，卷5，頁10。《淮南子・齊俗》：「〈咸池〉、〈承雲〉、〈九韶〉、〈六英〉，
　　　　人之所樂也。」《淮南子》，卷11，頁77。《樂緯》云：「帝嚳曰〈六英〉，顓
　　　　頊曰〈五莖〉。」〔清〕黃奭輯：（臺北：藝文印書館《漢學堂叢書》本），卷
　　　　38，頁19。闕名〈吳公子聽樂觀風賦〉其言〈五英〉、〈六莖〉，其典源於〈禮
　　　　樂志〉：「顓頊作〈六莖〉，帝嚳作〈五英〉」，與《樂緯》不同。

以聽者感其德，君子以好善，小人以聽過，義立道尊，樂行倫清。而平正之音打動人心，和順之風便相應而生。和順的風氣表現出來，「和樂」就興起。唱、和互相響應，各種情志同類相應，各有所歸。所以〈樂記〉說：「是故先王之制禮樂也，非以極口腹耳目之欲也，將以教民平好惡，而返人道之正也。」〔註52〕

唐代稱「以先王之樂爲雅樂，前世新聲爲清樂，合胡部者爲宴樂」〔註53〕。雅樂合於古制，沒有新創作，不該有所增減，不應雜入外來新聲，也不能混入民間俗調。一切唱奏法、樂律、樂器，都要依據傳統。雖然古樂質樸，沒有什麼變化，但其秩序井然，有法可守。

而新樂快人之耳，使人心神陶醉，亂人倫之常，是一種溺音。溺音即是「淫樂」，唐音樂賦云：

> 清廟象功，則〈韶〉〈武〉播於金石；良辰歡宴，則鄭衛流於管絃。（李百藥〈笙賦〉）

> 嗟乎！濮上更奏，桑間迭起。大希之音，見遺里耳。（鄭希稷〈塤賦〉）

> 惟宏雅兮鏗鏘，守之不變；豈桑間與濮上，而能亂越。恨牙琴之不知，奚由瑟之自伐。（闕名〈箜篌賦〉）

溺音範圍包括「桑間」、「濮上」、「鄭」、「宋」、「齊」、「衛」等地當時流行的靡靡之音〔註54〕。指不同於正樂之侈樂、淫樂、世俗之樂等一切不符合禮規範的樂舞表演形式。〈樂記〉云：

> 鄭衛之音，亂世之音也，比於慢矣。桑間濮上之音，亡國之音也，其政散，其民流，誣上行私而不可止也。〔註55〕

又曰：

> 鄭音好濫淫志，宋音燕女溺志，衛音趨數煩志，齊音敖辟喬志，此四者皆淫於色而害於德，是以祭祀弗用也。〔註56〕

〔註52〕《禮記正義》，卷37，頁8。
〔註53〕〔宋〕沈括：《夢溪筆談》，（臺北：藝文印書館《百部叢書集成》影印《學津討原》本），卷5，頁9、10。
〔註54〕李美燕：《中國古代樂教思想》，（高雄：麗文文化公司，1998年），頁159～160。
〔註55〕《禮記正義》，卷37，頁7。
〔註56〕《禮記正義》，卷39，頁3。

言鄭、衛、宋、齊之音使人心「好濫淫志」、「燕女溺志」、「趨數煩志」、「敖辟喬志」之不同價值觀。這些過於華麗、柔美、急促、強烈的樂音，或偏於情欲，使人聽了為之興奮，「乃忘和平」；或複雜多變，講求音聲之綺麗悅耳而戕害德性，這就是淫樂。凡是邪惡聲音打動人心，逆亂風氣就會表現出來，「淫樂」隨之興起。按照儒家文藝觀主張，音階的使用應限制在一定的範圍之內，超出範圍，無論是創作者還是欣賞者，其感情就會出現反常、變異，不能和諧的狀態。〔註57〕先秦儒家充分認識到音樂對人的感染作用，從對人情感的干擾上來評價鄭音而反對淫樂。

因德莫備乎三代，樂莫正於〈韶〉〈夏〉，故表彰三代，反對溺音。〈樂記〉以合德之古樂為正，以三代之樂為歷代雅樂目標，而可淑世。新樂為邪，鄭聲淫樂，徒致亡國，所以聖人必制雅樂，而賤淫聲。後世皆承此說。〔註58〕唐音樂賦云：

> 綴〈咸池〉之雅韻，去桑間之末響。圖風普以雨周，算天長而地廣。
> （歐陽詹〈律和聲賦〉）

> 是以重華昭昭兮〈簫韶〉若此。獨夫靡靡兮顛沛如彼。鄭衛作而濮上慄焉，絃歌聞而武城樂只。（獨孤申叔〈審樂知政賦〉）

> 是知以德音為音，則合於仁義。以淫樂為樂，則比於慢易。（獨孤申叔〈樂理心賦〉）

> 聖上猶兢自持，非禮勿動。鄭衛斯斥，溺音是恐。客有聞至德之音，知我皇之所以垂拱。（闕名〈作樂崇德賦〉）

總之，批評音樂，不問聲音是否婉美，只看它是否有符合道義的思想：

> 則知樂之為用也，不獨逞煩手，謹悝耳。正心術而導淳源，非聽其鏗鏘而已。（獨孤申叔〈樂理心賦〉）

音樂有善惡之道德區分，對人性情有感發之作用。在亂世產生的「淫樂」

〔註57〕《國語・周語下》有：「大不踰宮，細不過羽。」當時五音調宮為最低音，羽為最高音。〔東吳〕韋昭解：《國語》，卷3，頁13。

〔註58〕如《史記・樂書》曰：「雅頌之音理而民正，嘽緩之聲興而士奮，鄭衛之曲動而心淫，及其調和諧合，鳥獸盡感而況懷。」〔漢〕司馬遷：《史記》，卷24，頁2。《漢書・禮樂志》曰：「惟世俗奢泰文巧，而鄭衛之聲興。夫奢泰則下不孫而國貧，文巧則趨末背本者眾，鄭衛之聲興，則淫辟之化流。而欲黎庶敦朴家給，猶濁其源而求其清流，豈不難哉？孔子不云乎：『放鄭聲，鄭聲淫』？」〔漢〕班固：《前漢書》，卷22，頁38。

使社會風俗落入「廣則容姦，狹則思欲」之敗壞風氣中，甚至會導致亡國。在治世所產生的樂聲則引入「合敬同愛」、「欣喜歡愛」之境界，是一種德音。有德的君主必然會推廣禮樂教化，使音樂歸於雅正，變化個人氣質，改良社會風氣，團結人民。聖王深明樂之特性與正樂的功用，藉樂做爲教化百姓之工具。

雅樂作爲帝王皇權、功德之象徵，且因爲雅俗在歷史歷程上的交融互化，先唐音樂在某種程度上是雅俗共賞的時期。然而隋唐以後，雅樂與俗樂的區分愈加明顯，雅樂作爲禮的附庸，其樂器亦成禮儀陳設的性質，雅樂僵化程度日益嚴重，也失去了音樂欣賞的地位及價值。

第三節　儒家樂治思想於唐代音樂賦中之表現

儒家論樂，以功用爲重。孔子稱：「移風易俗，莫善於樂」，言樂可以善民心，陶冶心靈，改善社會風氣，還有治天下的功效。荀子〈樂論〉云：「夫聲樂之入人也深，其化人也速。」〔註59〕認爲好的音樂與社會的安定極有關係，將音樂的作用擴大爲「出所以征誅也，入所以揖讓也」，能「攘外安內」、能「天下大齊」，將音樂提升至「審一以定和」、可以「安邦治國」的地位。〔註60〕

壹、音樂與建國的關係

唐大曆十一年（776年）及第之李子卿作〈功成作樂賦〉及闕名〈作樂崇德賦〉，其典出於〈樂記〉及《易》，〈樂記〉云：

> 王者功成作樂，治定制禮：其功大者其樂備，其治辯者其禮具。干戚之舞，非備樂也；孰亨而祀，非達禮也。五帝殊時，不相沿樂；三王異世，不相襲禮。〔註61〕

這是儒家對於「作樂」的理論。而《易·豫卦》云：「豫，利建侯行師。」其象辭曰：

> 雷出地奮，豫；先王以作樂崇德，殷薦之上帝，以配祖考。〔註62〕

〔註59〕　〔清〕王先謙：《荀子集解》，卷14，頁629。
〔註60〕　〔清〕王先謙：《荀子集解》，卷14，頁628、629。
〔註61〕　〈樂記〉，《禮記正義》，卷37，頁17。
〔註62〕　《周易正義》，卷2，頁35。

這是「功成作樂」之目的。〔註63〕李子卿〈功成作樂賦〉作於開元中，云：

> 不才狂智之士，敢議聖唐之樂。我高祖神堯皇帝歷數在躬，鈞樞初
> 握。撥亂反正，戮諸夏之鯨鯢；枯楊生荑，掃中原之霜霆。太宗以
> 電擊肅慎，洗白刃於遼水；高宗以風行營丘，颺青烟於太岳。二宗
> 一祖，功高道邈。我開元神武皇帝夷內難，纂前緒。皇綱弛而更張，
> 帝典墜而還舉。俾萬人之從欲，安一物之失所。頃年祀后土，夜吐
> 神光；中歲燎皇天，晝聞山語。曠縣古而未覿，非軒、頊而誰與。
> 宜樂功成，當崇簨簴。貞觀草創，已模〈五莖〉〈六英〉；開元增修，
> 更叶黃鐘大呂。

在中國古代，建立政權必須有其正當性，方能為人民接受。當一個王朝建立
時，王者有功於世之條件下，君王「功成作樂」，才始作樂。王朝建立後頒布
重新制樂的指令，用以制定新樂以表其朝代的方向，或重新典樂，或復興舊
樂，將作樂提升到建立政權象徵性的高度。因此「五帝殊時，不相沿樂；三
王異世，不相襲禮。」闕名〈作樂崇德賦〉云：

> 觀夫崇德之祭也，郊上帝，祀方祇。配祖列位，崇壇奉犧。六代明
> 備，千官肅祇。殷薦咸若，嘉肴孔時。聲音上聞，同〈韶〉之盡美；
> 戩穀下降，知神之格思。

作樂以崇天帝之德，而能配享祖先，意味著天帝已經接受、認可了這個政權。
作品命題或內容以儒家思想為依歸，不以音樂藝術特性和審美功能為敘重
點，而強調「樂」的政治功能，藉音樂論述「治天下」和「為政」之道，書
表個人對音樂與政治的看法。

天寶時邵軫作〈雲韶樂賦〉云：

> 帝唐之於宣昭，立極本乎神堯。彌六葉以開泰，接三正而會朝。樂
> 一人之淳德，成萬國之謳謠。故太宗載纛，而象舞聞於〈破陣〉；我
> 后垂拱，而作樂嗣曰〈雲韶〉。……夫道者率性。作者謂聖。統同積
> 和，倫理知政。……若乃周道衰，王澤竭。正始之音奔散，哀思之
> 風鬱結。逾千載而未返，以俟我開元之濬哲。憶我樂之方作也，天
> 保定，武功成。紹堯光宅，嗣武重明。感物以風下，理心而和聲。
> 稽六律之宮變，諧八音而磬清。

貞觀二年（628年）六月，祖孝孫斟酌南北之音，奏上〈大唐雅樂〉，其主要

內容是〈十二和〉樂，合三十二曲，八十四調。「一朝復古，自孝孫始也」，《舊唐書・音樂志三》保存了貞觀年間創作的雅樂樂章，說明初唐太常寺對雅樂樂章有過整理的記錄。〔註64〕貞觀七年（633 年）太宗制〈破陣舞圖〉，魏徵、虞世南、褚亮、李百藥等又為〈七德舞〉〔註65〕改制歌詞。至貞觀十一年（637 年）四月太宗下詔頒行唐禮及郊廟新樂。至此，太宗時的禮樂制度正式建立。

玄宗開元二十五年（737 年），太常寺對所掌雅樂樂章有大規模整理活動。結集太常樂章以玄宗封泰山祀昊天上帝所用樂章為主體，總結唐前期的樂章。〈開元十三年封泰山祭天樂章〉由玄宗親自度曲定聲，張說作詞，由太常卿韋韜主持，其成果結集樂章五卷。〔註66〕唐從太宗、高宗、武后至玄宗、肅宗、德宗等帝王對太常寺所掌樂章均進行整理和記錄，凸顯各朝典樂的重要。不僅如此，在文人筆下，甚如宮廷宴饗樂舞也常附會有作樂崇德的目的：

> 惟欽明之昌運，應靈圖而嗣錄。紐三代之離術，正千齡之差朔。可以治定制禮，可以功成變樂。實磐石之攸寄，固維城之斯屬。（謝偃〈觀舞賦〉）

> 我開元聖文神武皇帝陛下懋建皇極，丕承寶命，揚五聖之耿光，安兆民於反側。功成道備，作樂崇德，上以殷薦祖宗，下以導達情性。（闕名〈舞馬賦〉）

> 恭惟我君，配天作主。命工典樂，考法師古。浹聲教之汪濊，合堯禹之規矩。士有聞〈韶〉嘉於蘊道，擊壤希乎可取。同鳥獸之歸仁，承德音而率舞。（裴度〈簫韶九成賦〉）

這便是音樂政治化的原因，音樂成了帝王統治時期頒布的要務與必定修制的內容，藉以表明國家之走向，同時安定國家與民心。如此社會上的倫理秩序

〔註64〕《舊唐書・音樂志三》：「貞觀二年，太常少卿祖孝孫既定雅樂，至六年，詔褚亮、虞世南、魏徵等分制樂章。其後至則天稱制，多所改易，歌辭皆是內出。」〔後晉〕劉昫：《舊唐書》，卷30，頁1。

〔註65〕「七德」出自《左傳・宣公十二年》，即禁暴、戢兵、保大、定功、安民、和眾、豐財七件事情。

〔註66〕《舊唐書・音樂志三》：「二十五年，太常卿韋縚令博士韋逌、直太樂尚沖、樂正沈元福、郊社令陳虔申懷操等，銓敘前後所行用樂章為五卷，以付太樂、鼓吹兩署，令工人習之。」〔後晉〕劉昫：《舊唐書》，卷30，頁1。

就不會混亂，政治也可以納入正軌。此傳統遠從三皇時代創建國家便有制樂的傳說，如《呂氏春秋・古樂》云：

> 昔古朱襄氏之制天下也，多風而陽氣畜積，……故士達作爲五弦瑟，以來陰氣，以定羣生。昔葛天氏之樂，三人操牛尾，投足以歌八闋，……。昔陶唐氏之始，陰多滯伏而湛積，……故作爲舞以宣導之。〔註67〕

「樂」是通神的工具，從而具有治理自然界中存在問題的巫術性功能，所包含的內容在於人類對美好生活的祈求。如葛天氏之樂，先人以牛尾爲道具，以頓足爲節奏，以歌八闋。〈載民〉歌頌對人種蕃衍的祝福，〈玄鳥〉暗示對圖騰崇拜，〈遂草木〉、〈奮五穀〉希望草木茂盛、穀豐登以利人食，〈敬天常〉、〈建帝功〉、〈依地德〉讚「樂」的神祕感應力量，溝通天、地、人之間的聯繫，〈總鳥獸之極〉則祈求禽獸的大量繁殖。〔註68〕處於上古時代的朱襄氏、葛天氏、陶唐氏，通過樂舞來促進農物的生產、來治水、治身以定群生。制樂方向是調和天地陰陽之氣，以適合於百姓人民的生活。目的是爲了生存及萬物眾生的福祉。五帝時，制樂方向有了調整：

> 昔黃帝令伶倫作爲律。……帝顓頊好其音，乃令飛龍作效八風之音，……帝嚳命咸黑作爲聲歌〈九招〉、〈六列〉、〈六英〉，……帝堯立，乃命質爲樂。……舜立，命延乃拌瞽叟之所爲瑟，……帝舜乃令質修〈九招〉、〈六列〉、〈六英〉，以明帝德。……禹立……於是命皋陶作爲〈夏籥〉九成，以昭其功。殷湯即位，……湯乃命伊尹作爲〈大護〉，歌〈晨露〉，……。〔註69〕

五帝時期建立政權以掌管人民百姓，所制之樂「以明帝德」，用音樂來歌誦帝王之德，以詔告天下。這在《尚書》中也可找到類似的記載。〔註70〕堯、舜時代，君主直接命夔典樂，並具體指出樂的型態與表現應該要如何呈現。說明音樂尊重天地陰陽之氣的變化，表現重視人民之情操，其精神能隨國家體制改變與建立，作爲彰表帝王之功的吟詠。除此，天子還能作樂來賞賜給有

〔註67〕　《呂氏春秋》，卷5，頁8。
〔註68〕　《呂氏春秋》，卷5，頁8。
〔註69〕　《呂氏春秋》，卷5，頁8～10。
〔註70〕　《尚書》：「帝曰：『夔，命汝典樂，教冑子。直而溫，寬而栗，剛而無虐，簡而無傲，詩言志，歌永言，聲依永，律和聲；八音克諧，無相奪倫，神人以和。』夔曰：『於！予擊石拊石，百獸率舞。』」《尚書正義》，卷3，頁26。

德的諸侯：

> 昔者舜作五弦之琴，以歌南風。夔始制樂，以賞諸侯。故天子之爲
> 樂也，以賞諸侯之有德者也。德盛而教尊，五穀時熟，然後賞之以
> 樂。故其治民勞者，其舞行綴遠。其治民逸者，其舞行綴短。故觀
> 其舞，知其德。聞其謚，知其行也。大章，章之也。咸池，備矣。
> 韶，繼也。夏，大也。殷周之樂盡矣。〔註71〕

顯示從三皇五帝以至夏、商、周三代，在君主剛創建國家時，音樂必定會被命以制定與創作成爲國家統治的制度之一。

商之〈大濩〉是崇祀先祖，並未有宣揚武德的內容，至於夏以前乃至傳說的五帝時代則難以考據。〈大武〉是作樂思想具體實踐，既有改朝換代的宣示作用，又有弘揚先祖創業武德的意義，合於「王者功成作樂」，其舞象影響後代功成作樂的模式。

制樂之人，須有相當的政治力量，更要求是有德者。《中庸》說：「雖有其位，苟無其德，不敢作禮樂焉。雖有其德，苟無其位，亦不敢作禮樂焉。」〔註72〕功成制樂的目的是爲表現德性，所以其樂亦必爲德音。「故知禮樂之情者能作，識禮樂之文者能述，作者之謂聖，述者之謂明，明聖者，述作之謂也。」〔註73〕凡懂得禮樂效用之人，便能創制新的禮樂，僅行禮及舉樂情況之人，則只能復述舊的禮樂。能創作者稱爲「聖」，僅能複述者稱爲「明」，其中是有高下之分。所以理想的樂，應由聖王製作。

音樂本是人民心聲，可以直接宣洩人民的情感，表現人民之好惡。有道德的執政者明白樂之特性，不論制作及選修曲調或建立樂制，以和爲貴，能「和民聲」，民聲和，民心自然歸於正。明樂之功效，在於啓迪善心，化民成俗，故「先王之制禮樂也，非以極口腹耳目之欲也，將以教民平好惡而反人道之正也。」〔註74〕非所以極人欲，而正所以節人欲，不使人過分放縱，使情緒受理性之支配。所以先王制樂廣推其教，所作的雅樂合乎中和的標準與道德的規範以和民聲。在潛移默化中教化人心，使人性情趨向於和平中正。使得君、臣以至人民都能因此而受惠，然後天下自然太平。所以唐賦作中，

〔註71〕〈樂記〉，《禮記正義》，卷38，頁1。

〔註72〕〔明〕王文祿撰：《中庸古本旁釋》，（臺北：藝文印書館《百部叢書集成》影印《百陵學山》本），頁12。

〔註73〕〈樂記〉，《禮記正義》，卷37，頁15。

〔註74〕〈樂記〉，《禮記正義》，卷37，頁8。

也不乏以之作為歌功頌德的素材：

> 故功成作樂，而上下昭著；治定制禮，而君臣有別。（吳仲舒〈南風
> 之薰賦〉）

聖王深知政治之事，不是單靠權力和法律所能收效。萬民為社稷之主，必須調和人民的感情，使之歸於中和純正。以和樂為國，則「暴民不作，諸侯賓服，兵革不試，五刑不用，百姓無患，天子不怒。」〔註75〕如此則垂拱而治天下，進入大同。

貳、審音知政的政治功能

儒家所謂的「樂」是把倫理和審美合而為一，由「道德的美感」強調樂之教化作用及其與政治倫理的聯繫，並以政治倫理的角度審察各種藝術活動，體驗美感境界。

張階及獨孤申叔同名作品〈審樂知政賦〉，賦作中闡述禮樂自古便是中國社會造士教人之重點，除了教育上重視「樂」的學習外，在政治上亦有所謂「聲音之道與政通」的「審樂知政」思想，強調一個國家政治的優劣得失，可由該國「樂風」之中觀察得知。云：

> 樂之為樂也，布五氣，和八風。政之為大也，包有截，被無窮。雖
> 尋源泝異，而致用是同。故政行而樂作，而樂在其中。是以重華昭
> 昭兮〈簫韶〉若此。獨夫靡靡兮顛沛如彼。鄭衛作而濮上慄焉，絃
> 歌聞而武城樂只。故為政之善否，實由樂之張弛。惟審樂之大義，
> 其梗概也如是。（獨孤申叔〈審樂知政賦〉）

> 昔先王省風作樂，象物制典。賓讌服禮，神歆降戩。六代各異，五
> 音相演。盛衰感召而自生，理亂區分而可辨。列國殊化，化形於聲；
> 淫正難分，分之者善。（張階〈審樂知政賦〉）

裴度〈簫韶九成賦〉也有類似敍述：

> 將君子以審樂，故先王以省風。致同和於天地，諒難究其始終。惟
> 樂之廣，於何不有。……故季札聆音而感深，宣尼忘味於甘否。昭
> 覆燾兮煦嫗，召游泳以飛走。

國家盛衰，民心向背，可以從音樂中反映出來。樂隨政變，聞哀怨之音，知其民困，聞安樂之音，知其政和。審明樂音，便可以推斷政治的好壞。音樂

〔註75〕　〈樂記〉，《禮記正義》，卷37，頁13。

足以關係國家治亂及世道安危，以處理音樂的道理來治理國家，則政事通達，
國盛民強，所以樂爲政之本。審樂可以知政，其重要性不言可喻。〈審樂知政
賦〉概念源於〈樂記〉，〈樂記〉在此方面的闡發明確而詳細：

> 凡音者，生於人心者也。樂者，通倫理者也。是故知聲而不知音者，
> 禽獸是也；知音而不知樂者，眾庶是也；唯君子爲能知樂。是故審
> 聲以知音，審音以知樂，審樂以知政，而治道備矣。〔註76〕

樂生於人心之應物，而實本於政治。樂主和，而又化人深，可以遷人爲善。
既可反映政治，又有功於政治。以知樂爲高，蓋唯有君子才能知曉由樂通政
的道理，而深自惕厲。

〈樂記〉言樂之用，尤以政治爲要，是繼承《論語・陽貨》中「詩可以
觀」的傳統，孔子所以知政之道，通過知音、知樂而「知政」，辨識出樂舞中
的哪些部分呈現政治上的意義，並進行政治上的批評。這即是〈樂記〉所稱
「聲音之道，與政通」之意。〈樂記〉繼承孔子論樂的思想，從「人心」開始，
到「審聲」、「審音」、「審樂」，最後是「知政」，推論「樂」與「治道」是相
關的。所以先王制定禮樂不是爲了滿足慾望，而是爲了「治道」之事。而治
道之事就是要節制「好惡」，因爲「好惡無節」最後則是「大亂之道」。而節
制人的好惡，就是要制「禮樂」以節人。

唐賦部分作品中認爲國家盛衰，民心向背，可以從音樂中反映，聞樂可
以知其政得失，而宣導人情，乃爲政之大端。其云：

> 八音宣，六律暢……信可以察邦國政教之盛衰，見造化陰陽之情狀。
> （高郢〈吳公子聽樂賦〉）

不從階級論知樂與知音的差別，認爲「知樂」乃「通於道者」，例如宣尼由聆
聽〈韶〉樂而識虞舜之德，季札能從樂聲中聽聞眾國之風：

> 忘味興嘆於宣尼，觀風見稱於季子。（獨孤申叔〈樂理心賦〉）

> 遇之以神，殊季札之觀魯；樂而忘味，類宣尼之聽〈韶〉。（李觀〈鈞
> 天樂賦〉）

> 故季札聆音而感深，宣尼忘味於甘否。（裴度〈簫韶九成賦〉）

無論是「虞舜之德」或「眾國之風」，均藉由音樂表現傳達出德風。寶應初進
士高郢作〈吳公子聽樂賦〉、闕名所作〈吳公子聽樂觀風賦〉，其典出於《左

〔註76〕 〈樂記〉，《禮記正義》，卷37，頁8。

傳》〔註77〕，以季札觀樂之故事說明音樂審美概念，同時也強調「審樂知政」之政治功能。獨孤申叔〈審樂知政賦〉以「同彼吳札觀樂於魯」爲韻，論述均類似。賦中介紹季札爲「有東吳子，博識洽聞」、「節高神融，博辨精通。其識達，其聽聰」。觀樂動機爲「欲觀風於上國，期屬意於南薰」、「方辭吳而聘魯，因請樂以觀風」。請觀周樂的目的是「審樂聲以殊志，將理化之可分。名藉藉以播物，意飄飄以凌雲」，企圖以德爲其審美評價標準。故事本身有參政議政、借樂說理之意涵，因而賦作中也以「勤而不怨也」、「憂而不困者也，吾聞康叔、武公之德如是」、「樂而不淫」、「大而婉，險而易行，以德輔此，則明主也」、「思而不貳，怨而不言，其周德之衰乎？」、「德至矣哉！」等等審美意識及音樂觀念去體現高尚情感品德，提升社會音樂生活，進而達成治國安邦。

　　季札把音樂和政教結合起來，以「美哉」讚其藝術表現形式，從觀周樂而窺知各國政治的良窳，從直接「感知」體驗基礎上對詩樂的藝術表現形態作概括評價。「泱泱乎」、「其細已甚」評其藝術風格；「憂而不困」、「樂而不淫」論其審美情感特徵，對詩樂在詞曲、表演方面表現出來的情感、風格特徵、意境作出評述。從各諸侯國之音樂與政治盛衰作聯繫，將音樂評價提升至社會學、史學、文化等層面來論樂。

　　季札所處時期正是奴隸制度向封建社會轉型的春秋戰國，諸侯各國由於歷史變遷、民族融合、地域區別，已經具有不同文化色彩及多元文化：

> 聿來洙泗，當周之季。禮樂之化已虧，文武之音亦墜。嗟曚瞽之多逸，歎君臣之不自。閱鄹魯之儒書，獨可稱其樂器。（闕名〈吳公子聽樂觀風賦〉）

季札論樂時，從地域、國主、國家歷史變遷及當時所處的社會地位和文化背景來評論，於〈周南〉、〈召南〉中聽出「勤而不怨」，〈邶〉、〈鄘〉中聽出「憂而不困」，從〈鄭〉中聽出「其細也甚，民弗堪也」，認爲瑣碎的政令「是其先亡乎？」在聆賞中，詩樂舞反映出各國社會政治的現實。上述賦雖賦古事，然作者充分展其想像，故能將場面描寫得相當生動。〔註78〕

　　音樂與政治、社會倫理、民心密切相關，是出於君子審樂知政而能治國

〔註77〕　《左傳‧襄公二十九年》：「吳公子札來聘……請觀於周樂。」《左傳》，卷39，頁8。
〔註78〕　尹占華：《律賦論稿》，頁149。

平天下的政治目的，所以說：

> 至矣哉，德不崇無以表金石之娛。樂不作無以表天地之符。樂作而
> 萬方草偃，德表而八裔風趨。（闕名〈作樂崇德賦〉）

政治作用上，音樂可以「群居相切磋」，互相啟發；可以「怨刺上政」，以促使政治改善。而不好的音樂會加速政治的敗壞，靡靡之音會助長荒淫享樂的社會風氣，以致亡國。這說法對鞏固統治階級及建立統治秩序有正面積極作用。所以〈樂記〉曰：

> 治世之音安以樂，其政和；亂世之音怨以怒，其政乖；亡國之音哀
> 以思，其民困。聲音之道，與政通矣！〔註79〕

音樂反映社會政治的現實，樂為興亡的徵象，天下之不治，往往是刑政無道，而後禮壞樂闕，終致亡國。

在三代以前，雅樂與政治相通，音樂是用以輔禮而行，所以禮樂並重，政治以「禮治」為本。自漢興不重視古雅樂，漢武帝採胡樂以入曲。至隋煬帝極力提倡俗樂，競造新聲，早已不同於古代制樂之用意。「樂與政通」之說，後代已失其作用。事實上，一個國家的興亡，自有其許多不同的因素。〔註80〕但自〈樂記〉以下，歷代以哀聲為樂之大忌，認為萎靡的音樂，足以喪滅人的志氣，以樂為隆替存亡之因。〔註81〕而儒者拘泥於古籍，將本是儒者用以維護雅樂、排斥新樂「亡國之音」的說法，以合於「非天子不議禮，不作樂」之意，不是揚之太過，就是貶之太甚，成為取媚於時君的目的。〔註82〕

唐代儒者論樂，深受儒家傳統思想影響。代表宮廷貴族文學的音樂賦作，作為統治階級的政治需要，內容更是因循古籍之說，如：

> 寂慮居安。靜志遐觀。故將亡之音哀以思，至理之感柔而寬。……
> 是故君子審音以知樂。存亡必見乎未兆，理亂亦在乎先覺。其道亂
> 也，嘽殺作而嘽慢興；其世理也，乘麒麟而棲鷺鷥。……方今九功
> 已成，八佾斯舞。鼓虙義之琴瑟，植虞舜之干羽。故能仁洽道廣，
> 澤融德溥。聽之忘味，殊三月之在齊；化之式臧，寧一變而至魯。
> 客有作樂之賦者，將含容於上古。（獨孤申叔〈審樂知政賦〉）

〔註79〕〈樂記〉，《禮記正義》，卷37，頁4。

〔註80〕黃友棣：《中國音樂思想批判》，（臺北：樂友書房，1975年），頁80。

〔註81〕如《史記・樂書》亦曰：「舜彈五絃之琴，歌南風之詩，而天下治；紂為朝歌，北鄙之音，身死國亡。」〔漢〕司馬遷：《史記》，卷24，頁39。

〔註82〕許之衡：《中國音樂小史》，（臺北：臺灣商務印書館，1996年），頁188～189。

自周而下，自鄶以上。備聞變態之音，默見興亡之象。(高郢〈吳公
子聽樂賦〉)

樂者制也，所以道天和，全人性。故作之以崇德，審之以知政。王
者敬其事而闡其道，順其時而行其令。(李程〈大合樂賦〉)

觀念上認爲政治的治亂會影響人民，而人民思想感情又會反映到音樂中。其
詞或強調皇權與神明的關係，或歌頌帝王功績。「重道輕器」的傾向，將「音
樂」形塑成維護皇權統治的工具，目的無非是粉飾太平，以順民心。

儒家思想是中國歷代以來的學術思想主流，其內涵明顯以王者爲中心。
賦作中敘述禮樂自古以來便是中國社會造士教人的重點，除教育上重視「樂」
的學習，在政治上亦有所謂「聲音之道與政通」的「審樂知政」思想，強調
國家政治的優劣得失，可由該國之「樂風」中觀察得知。

參、樂於移風易俗上的功用

《孝經》說：「移風易俗莫善於樂」〔註83〕，肯定了音樂有誘導民心向善
及改善風氣的功能。〈樂記〉及《荀子・樂論》也強調音樂可以「善民心」，
是爲政治上移風易俗的基礎。

孔子稱許〈韶〉樂「盡美盡善」，是對舜的仁政的稱許，不是純粹音樂欣
賞。荀子「足以率一道，足以治萬變」，認爲音樂是治世的法典。而「樂者，
聖王之所樂也，而可以善民心，其感人深，其移風易俗。……故樂行而志清，
禮修而行成，耳目聰明，血氣和平，移風易俗，天下皆寧。」〔註84〕荀子認
爲音樂有移風易俗、教育百姓的功能。樂記云「樂也者，聖人之所樂也，而
可以善民心，其感人深，其移風易俗，故先王著其教焉。」〔註85〕爲儒家一
脈相承的樂治思想。

傳統樂教便是根據音樂中所包含及表現的「道德情感」或者「道德內涵」
來「移風易俗」的：

則知樂之爲用也，不獨逞煩手，謹俚耳。正心術而導淳源，非聽其
鏗鏘而已。(獨孤申叔〈樂理心賦〉)

夫樂之所屬，本於化俗。方將審音以知政，豈在雕金而鏤玉。(張仲

〔註83〕　《孝經注疏》，(阮元刻《十三經注疏》本，臺北：藝文印書館)，卷6，頁4。
〔註84〕　分別見〔清〕王先謙：《荀子集解》，卷14，頁1、3。
〔註85〕　〈樂記〉，《禮記正義》，卷38，頁4。

素〈玉磬賦〉）

風俗之厚薄，繫乎禮樂之隆替，關乎世道之盛衰。〈樂記〉曰：

> 樂在宗廟之中，君臣上下同聽之，則莫不和敬；在族長鄉里之中，長幼同聽之，則莫不和順；在閨門之內，父子兄弟同聽之，則莫不和親。故樂者審一以定和，比物以飾節，節奏合以成文，所以合和父子君臣，附親萬民也，是先王立樂之方也。〔註86〕

唐音樂賦云：

> 如此則天地同和，陰陽代順。一謳而王道敦化，再唱而民心端信。逆氣亡象，姦聲匿韻。三光普照而不昧，萬物以類而相振。然後君臣序而父子親，五音隆而四瀆濬。斯爲治世之音，可同休於堯舜。（徐寅〈歌賦〉）

> 是何茂育生民，時移化淳。豈不以道有所漸，功有所因。始頌瑞於群后，俄舞干於七旬。然後端拱無事，垂衣守眞。奏五弦之樂，陶萬化之鈞。所以厚風俗，和神人。正父子，明君臣。三才所以乂，百姓所以親。（蔣防〈舜琴歌南風賦〉）

> 諧協於國風，本一於心始。將此易俗，非爲悅己。作於朝而君臣同和，聽於家而少長咸喜。（呂牧〈子擊磬賦〉）

樂無形無象，卻規範群體生活，使人們在不同場合皆能恭敬、和順地相處。功用不僅止於個人，而能遍及社會，感召萬民。因此，樂主和，雍和雅頌之聲推行全國，用於宗廟，君臣和敬；用於閨門，父子和親；用於鄉里，長幼和順。在樂的薰陶中，諧和君臣上下父子內外之人倫關係，各得其分，各適其宜，在樂德治化中，呈現一片和暢。

儒家思想中，音樂是造成良好社會風尚有效的教化工具。只有德行才能體現出社會風尚：

> 疊疊多士，茫茫萬有。猶偃草而咸若，沐薰風之自久。惟德斯碩，惟財孔阜。（李夷亮〈南風之薰賦〉）

在音樂社會功能問題上，禮樂思想是以「人」作爲出發點，藉著德音教化以涵養人心，使成其善德，進而移風易俗。

儒家音樂的實用樂觀認爲音樂首要功能是教化，思想出發點是服務於社

〔註86〕〈樂記〉，《禮記正義》，卷39，頁20。

會、政治等。音樂應以禮爲本，需受禮的制約。樂本發自內心，感人至深，化人極速，對個人有節制情愫、陶冶心靈之效。對社會有化風易俗，改善風氣之力。先王作樂以崇德報功，以和同人心。施於教育以潛移默化，而收感化之功。佈於社會以移風易俗，行於邦家以止干戈，最後達到〈樂記〉所謂「天下皆寧」的和諧狀態。這種帶有功利主義的禮樂思想，在歷史的發展中雖幾經衝擊，但仍佔中國傳統音樂思想重要地位。

唐音樂賦許多取材自儒家經籍音樂典故來命題，而且多與國家政教思想有關，尤其運用於科舉考試，賦篇除測試作者文采華美和用韻技巧之外，同時藉著典故題目的命題方式，測試著考生對經籍熟悉程度，以及對經義之發揮，能做出適切理解。

第四節　唐代音樂賦中五音律呂之附會

「音樂」是由聲音所構成的，相傳葛天氏叩牛角高歌，才有聲音的發軔。〔註87〕倕作鐘，無句作磬，女媧作笙簧，於是有了樂器的出現。〔註88〕先民隨興抒發性情、哼唱曲調、引吭高歌，原不論音律爲何物。從長期實際經驗，發現順應自然和諧的要求，將一些「音」放在一起，聽起來悅耳而舒服，足以感動人心。經過音樂家的努力，發現這些「音」生成原則與彼此之間的關係，逐漸發展出音階與律制，形成所謂「樂律」的概念。而本是音樂上五音律呂等樂律觀念，其後被應用到四時氣候變化、預測吉凶，或被引申爲王者治道的標準。

唐音樂賦中，討論到音律的作品分別有寶應初進士高郢〈律筒賦〉，貞元十四年（798 年）進士王起〈律呂相生賦〉，貞元五年（799 年）進士裴度〈律中黃鍾賦〉，貞元年間張友正〈律移寒古賦〉，貞元十二年（806 年）進士李程〈鼓鐘於宮賦〉，貞元十四年（808 年）進士王起〈律呂相生賦〉及〈鄒子吹律賦〉，咸通三年（862 年）進士王棨〈黃鍾宮爲律本賦〉，闕名〈律呂相召賦〉、

〔註87〕《呂氏春秋・古樂》：「昔葛天氏之樂，三人操牛尾投足以歌八闋。」《呂氏春秋》，卷 5，頁 8。

〔註88〕《世本》：「倕作鐘、無句作磬、女媧作笙簧……簫，舜所造。……隋作笙、宓義作瑟、神農作琴、隨作竽、夷作鼓。」〔漢〕宋衷注：《世本》，（臺北：藝文印書館《百部叢書集成》影印《問經堂叢書》本）一卷，頁 1。《唐樂志》：「女媧作笙，列管於匏上，納簧其中。」《禮記》：「女媧之笙簧」《風俗通》、《書鈔》引無笙字。皆有類似的傳說記載。

〈黃鍾管賦〉、闕名〈葭灰應律賦〉等。以五音十二律作爲描寫音樂的語詞，並將音樂概念與陰陽五行或政治倫理結合，茲分述之。

壹、五音與律呂

相傳黃帝命伶倫爲樂官，截竹爲管，以管之長短分別聲音的高低清濁，以「三分損益法」定下十二律，並定基礎音爲「黃鍾」。〔註89〕《禮記‧月令》仲冬之月「律中黃鍾」鄭玄注：「黃鍾者，律之始也」。〔註90〕聲音既是一種物理現象，樂律必是符合聲學原理的。《管子‧地員篇》大約是歷史上最早記載五聲音律以數相求：

> 凡將起五音，凡首先主一而三之，四開以合九九，以是生黃鍾小素之首以成宮；三分而益之以一，爲百有八爲徵；不無有三分而去其乘，適足以是生商；有三分而復於其所，以是生羽；有三分去其乘，適足以是生角。〔註91〕

此稱爲「三分損益律」。把某個長度發聲體發出的聲音當作「宮」音，將其長度增長或減短三分一來產生其他音。因此，依《管子》的說法，以數學方試算出，宮爲八十一、徵爲一百零八、商爲七十二、羽爲九十六、角爲六十四。〔註92〕《管子》記載產生五音的振動實體一般認爲是「弦」〔註93〕，本是論

〔註89〕《呂氏春秋‧古樂》：「昔黃帝令伶倫作爲律。伶倫自大夏之西，乃之阮隃之陰，取竹於嶰谿之谷，以生空竅厚鈞者斷兩節閒，其長三寸九分而吹之，以爲黃鍾之宮。吹曰舍少。次制十二筒，以之阮隃之下，聽鳳皇之鳴，以別十二律。其雄鳴爲六，雌鳴亦六，以比黃鍾之宮，適合。黃鍾之宮，皆可以生之，故曰：黃鍾之宮，律呂之本。」《呂氏春秋》，卷5，頁9。〔漢〕劉向《說苑》亦有相似記載。

〔註90〕《禮記正義》，卷16，頁14。

〔註91〕〔唐〕房玄齡注：《管子》，卷19，頁109。

〔註92〕《管子‧地員篇》意思爲：宮爲 $1 \times 3^4 = 81$。「三分而益之以一爲百有八，爲徵。」意思是徵是 $81 \times 4/3 = 108$。「不無有三而去其乘，適足以是生商。」意思是商爲 $108 \times 2/3 = 72$。「有三分而復於其所，以是生羽。」意思是羽爲 $72 \times 4/3 = 96$。「有三分而去其乘，以是生角。」意思是角爲 $96 \times 2/3 = 64$。由五聲音階再依三分損一和三分益一的法則，又衍生出變徵和變宮兩個音，就構成了七聲音階，其中包括了五音二變。

〔註93〕楊蔭瀏在《中國古代音樂史稿》中，從音響的原理上認爲，從現在實際存在的琴上的音位看，又從管上從來沒有找到具體實例的這一事實，則斷定《管子》中產生五音的振動實體爲弦的長度。戰國編鐘所發音階各音的高低關係也是符合於弦律的，因此對於三分損益管律是否真正存在的懷疑，更爲加深。楊蔭瀏：《中國古代音樂史稿》，頁85。繆天瑞也有相似的看法。繆天瑞：《律

述琴瑟弦的綸數，卻產出弦樂器由宮生徵、生商、生羽、生角五音的排列音序與律數。「三分損益律」是中國音律史上最早產生之完備律學理論。至《史記・律書》，律學在正史中占有一席之位。其說云：

九九八十一以爲宮，三分去一五十四以爲徵，三分益一七十二以爲

商，三分去一四十八以爲羽，三分益一六十四以爲角。〔註94〕

以數學的方式計算，一弦或管，長度爲八十一個單位，此音爲「宮」，「三分損」爲去掉其三分之一的長度變爲原先的三分之二，得到五十四，爲「徵」音，「三分益」即長度變爲原先的三分之四，就會得到七十二，爲「商」音，以此類推所得即爲「五音」。在物理上，振動頻率與物體長度成反比，當長度爲原本的一半時，頻率就是原來的二倍。三分之四是三分之二的兩倍，意思是當管或是弦的長度減爲一半時，頻率將變爲原先的二倍。相同的，當長度增加爲原先的二倍時，頻率則成爲原先的一半。這種互爲二倍數之特殊比例，定義成彼此互爲「八度音」。《史記・律書》的徵爲五十四、羽爲四十八，與《管子・地員篇》的徵一百零八、羽九十六，彼此之間正是一個「八度音」的關係，因此在「音名」上是相同的。

　　不論《管子》或《史記》，宮音無確切指出長度，無法知道宮音實際的音高，只知道這五音之間音程距離的相對關係。〔註95〕以每一音作爲主音，可以構成五種五聲調式。〔註96〕

　　五音與十二律常被共同提及。十二律之名稱見於《國語》，伶州鳩言：「律，所以立均出度也」。〔註97〕樂律是構成一定調高的音階序列而定的尺

學》，（北京：人民音樂出版社，1996年），頁103。王光祈《中國音樂史》中，則認漢代京房以前，均在「管」上行之。王光祈：《中國音樂史》，（桂林：廣西師範大學，2005年），頁17。

〔註94〕　〔漢〕司馬遷：《史記》，卷25，頁8。

〔註95〕　王光祈認爲：「吾國古代所謂『五音』，如宮、商、角、徵、羽等，係規定音階距離的大小。如宮、商之間，永遠相距一個『整音』；角、徵之間，永遠相距一個『短三階』之類。」王光祈：《中國音樂史》，頁4。

〔註96〕　參閱繆天瑞：《律學》，頁105。

〔註97〕　《國語・周語》：「王將鑄無射，問律於伶州鳩。對曰：『律所以立均出度也。……夫六，中之色也，故名之曰黃鍾，……二曰太蔟，……三曰姑洗……四曰蕤賓，……五曰夷則，……六曰無射，……元間大呂，……二間夾鍾，……三間仲呂，……四間林鍾，……五間南呂，……六間應鍾，均利器用，俾應復也。』」〔東吳〕韋昭解：《國語》，卷3，頁15～16。《呂氏春秋・音律篇》也有類似的記載。

度，爲了製成能發出一系列固定音高的樂器，必須找出和各音相應振動體的長度標準。

以「三分損益法」經過十二次的三分損益之後，可以把一個八度音程分爲十二個不完全相等的半音，構成一個不甚全等的音階循環，稱爲「十二律」。再依排列次序分爲單數及雙數，單數稱爲「六陽律」，簡稱「六律」。黃鐘是六陽律的第一律，其餘爲大蔟、姑洗、蕤賓、夷則、無射。雙數稱爲「六陰呂」，大呂是六陰律之第一律，其餘爲林鐘、南呂、應鐘、夾鐘、仲呂。簡稱「六呂」，合稱「十二律呂」。〔註98〕把十二音律按次序分，奇位者爲陽律，偶數位者爲陰呂。後代言音律者多宗此說。

十二律可視作十二個絕對音高，〔註99〕〈樂記〉提到「聲相應，故生變，變成方謂之音。」〔註100〕古人在「變」的過程，從自然界中發現兩個音之間距離恰巧產生悅耳和諧的聲音，於是和諧的「音程」被歸納出來。

在周代，十二律的理論與五音宮、商、角、徵、羽的階名已確立。此時，已經知道利用不同的量度、長短等，得以彈撥或敲擊出不同高低的音階。五聲或七聲音階中以宮音爲主，宮音位置改變就叫旋宮，這樣就可以達到轉調的效果。而「樂律」就是構成「音階」的基準法，依據不同的樂律，會構成不同的音階。

唐音樂賦依循此音樂發展與理論，以伶倫制律的傳說，作爲樂律制訂的源起：

> 原夫制自伶倫，迹於嶰谷。始叶音於靈鳳，終制器於截竹。（王起〈律呂相生賦〉）

> 黃帝稽六氣，正三光。頒命於伶倫之職，伐竹於嶰谷之鄉。創管籥於分寸，審制度於毫芒。爲十二之首律，導初九之潛陽。伺青陸之功，微而可紀；察黃鍾之氣，闇然而彰。（闕名〈黃鍾管賦〉）

> 何截彼嶰谷之節，而吹象朝陽之聲。音韻既生，訏嗢嗢而成響；宮商閒起，若鏘鏘以和鳴。（梁洽〈吹竹學鳳鳴賦〉）

〔註98〕 《周禮》：「大師掌六律六同以合陰陽之聲。陽聲：黃鍾、大蔟、姑洗、蕤賓、夷則、無射。陰聲：大呂、應鍾、南呂、函鍾、小呂、夾鍾。」《周禮注疏》，卷23，頁10。

〔註99〕 王光祈認爲：「中國古代所謂『十二律』，如黃鍾、大呂等，係規定音的高度。」王光祈：《中國音樂史》，頁4。

〔註100〕 《禮記正義》，卷37，頁1。

昔者黃帝度六律、和五音。率伶倫之士，總鈞石之金。將合樂以教
令，俾洪鐘以平心。（謝良輔〈洪鐘賦〉）

當其黃帝命官，太師授職。參六呂以迭用，本一陽而立則。八風自
此以條暢，萬物於焉而動植。（王榮〈黃鐘宮爲律本賦〉）

伶倫制律用的是竹管，於是唐代賦家常用律呂來描寫管樂器：

始其伐榦厚地，因材制器。四孔有加，五音俱備。無煩乎鈞簧促柱，
有用於娛心滌志。乍從容而寥亮，究律呂以精粹。伊滿堂之咸驚，
疑在田之忽至。（梁洽〈笛聲似龍吟賦〉）

　　人爲的音樂很難呈現完全平衡的狀態，如〈樂記〉「凡音之起，由人心生
也」中所闡述，音樂是人爲的，卻感受自然。也可以說任何音樂都有自己存
在的平衡狀態，如此的平衡，相對於聽覺，才有和諧的感受。

　　「黃鐘大呂」、「八音齊鳴」是中國古代與音樂有關的兩句成語，以「黃
鐘大呂」來形容音樂的莊嚴、文辭的莊重等。〔註101〕以「八音齊鳴」或「八
音和鳴」來形容各種樂器一起和諧演奏。唐音樂賦在說明音律時，和諧的概
念很是重要：

既克諧於五聲，諒同歸乎一致。……載清載濁，貫三才之合樂；若
浮若沉，叶六律而揚音。（班肅〈笙磬同音賦〉）

「和」字的意義，在《說文·口部》：「和，相應也。從口禾聲。」段玉裁注：
「古唱和字不讀去聲」〔註102〕。這裡的「和」是「唱和」的意思。音樂是由
聲音構成，聲音是震波能量的物理現象。當流動的音樂，非單一的數個音波
組合在一起，音程合乎規律，形成和諧的狀態則成「樂音」，自然悅耳舒暢；
反之則成「噪音」，令人覺得刺耳，這和諧的狀態就是「龢」。《說文解字》中：
「龢，調和。從龠禾聲。讀與禾同。」段玉裁注：「言部曰：『調，龢也。』
此與口部『和』音同義別。經傳多假『和』爲『龢』。」〔註103〕找尋放在一起
聽起來悅耳舒服，足以感動人心的「和諧」樂音，探索生成的音波比例原則
和彼此的關係，於是「樂」、「律」就產生了：

律則以宮激徵，詠則從濁揚清。且懲流而反正，常誡險以歸平……

〔註101〕《周禮·春官》曰：「乃奏黃鐘，歌大呂，舞雲門，以祀天神。」鄭玄註：「以
　　　　黃鐘之鐘，大呂之聲爲均者，黃鐘陽聲之首，大呂爲之合。」以「黃鐘大呂」
　　　　形容音樂或言辭莊嚴、正大、高妙、和諧。《周禮注疏》，卷22，頁12。
〔註102〕〔漢〕許慎撰，〔清〕段玉裁注：《說文解字注》，頁57。
〔註103〕〔漢〕許慎撰，〔清〕段玉裁注：《說文解字注》，頁85。

善詠者聲，應聲者律。會高低以齊奏，諧疾徐而並出。（歐陽詹〈律和聲賦〉）

清六管，順廣歌。載唱載吹，匪塤箎之獨叶；一張一弛，豈琴瑟之空和。（歐陽詹〈律和聲賦〉）

未隨於物，絪縕乎七政八風；忽變其和，剖判於五聲六律。（呂溫〈樂出虛賦〉）

要製造出可以演奏不同音高的樂器，除了工藝技術的技巧外，製作者對聲學需有一定程度的認識。透過管弦的長短張弛，定出不同的音高。這些不同音高聲音的組合關係，構成律制的基本單位。樂律相互調和表現出人文與自然的「和諧」美感。

樂曲有節奏、有快慢、有強弱、有主從，樂器能各安其分，相互配合，則為眾樂之和：

一唱之歎，且至於三；比眾音之和，不容於五。（許康佐〈宣尼宅聞金石絲竹之聲賦〉）

彼塤箎兮謂何。同律呂兮相和。……疾徐共節，長短同旨。感肅雍兮一貫，伺戛擊兮雙起。為合雅而諧聲，故殊形而共理。然則大箎諧奏，美矣德音之音；鳴塤獨聞，同乎以水濟水。（許堯佐〈塤箎相須賦〉）

聯綿並奏，聲音相和。用不殊途，方予唱而汝和；動而相觸，固無偏而無頗。……雅韻復興，時則若舞鸞鳳；和聲互應，斯乃如鼓瑟琴。（班肅〈笙磬同音賦〉）

音樂藝術中的和音，演奏者自我節制音量高低而與其他樂器的音量平均、和諧，把不同的樂音組合，「和」備矣。這時的音樂不再只是娛樂，而具備政教功能。

音樂本來是一種或多種器樂或聲樂從單音、旋律、和絃，不同聲音多層次的組合。不但不會衝突干擾，還能彼此互補，達到各適其性、各得其所、各盡其能。就如同一個社會或國家本有各式各樣不同的人與物，為政者能包容「眾音」，不犯不擾，體會到人如同音都有其最佳位置，相互配合、包容、互補，各安其分、各盡其才，正是眾樂之和的精神所寄。

貳、五音律呂與陰陽五行節氣

　　中國古代的音律論，自先秦時代開始，有著天地自然相關聯的思想觀念。五音十二律利用管樂器不同的量度、長短等，得以發出不同高低的音階。其應用可延伸至《易經》、擴及四時氣候變化、預測一年吉凶。十二律各有其五音，是天、樂、人合一思想的延伸。典籍如《尚書》、《國語》、《禮記》、《呂氏春秋》、《淮南子》等，均有將樂律與陰陽、四時、四方、五行、八卦、八方、十二個月、二十四節氣、二十八宿、周天三百六十度等天地自然互相聯繫起來之特徵。

一、音律與八卦五行

　　《周易・繫辭》云：「是故易有太極，是生兩儀，兩儀生四象，四象生八卦。」〔註104〕將自然界的各種作用、現象與萬物區分爲八種要素，以「八卦」來對應。〔註105〕

　　商朝時有四個節氣，稱爲四象，即四季。周朝時把一年分爲八個節氣，對應「八卦」中依照季節而吹的「八風」，與二十四節氣中的立春、春分、立夏、夏至、立秋、秋分、立冬、冬至八節氣互相對應。是節慶也是重要的祭祀日，〔註106〕藉以祈求風調雨順與國泰民安。至文王將伏羲八卦的各卦與八節氣、東南西北八個方位配對，再依音色與易卦的八方位相聯繫，即所謂「八風從律」。

　　漢代劉歆曾提出三統歷，將三統與律對應起來：

　　　三統者，天施，地化，人事之紀。十一月，「乾」之初九，陽氣伏於地下，始著爲一，萬物萌動，鐘於太陰，故黃鐘爲天統，律長九寸。……六月，「坤」之初六，陰氣受任於太陽，繼養化柔，萬物生長，楙之於未，令種剛彊大，故林鐘爲地統，律長六寸。……故太族爲人統，

〔註104〕《周易正義》，卷7，頁28～29。

〔註105〕《漢書・律歷志》：「《易》曰：『參天兩地而倚數。』……人者，繼天順地，序氣成物，統八卦，調八風，理八政，正八節，諧八音，舞八佾，監八方，被八荒，以終天地之功，故八八六十四。」〔漢〕班固：《前漢書》，卷21上，頁8～9。

〔註106〕二十四節氣名稱首見於《淮南子・天文》。依據其記載，商朝時只有四個節氣，即四象。到了周朝時發展到了八個。八節所祭各有不同：冬至祭天、夏至祭地、春分祈日、秋分祈月、立春迎春、立夏迎夏、立秋迎秋、立冬迎冬。到秦漢年間，二十四節氣已完全確立。

律長八寸，象八卦，宓戲氏之所以順天地，通神明，類萬物之情也。……此三律之謂矣，是爲三統。其於三正也，黃鐘，子，爲天正；林鐘，未之衝丑，爲地正；太族，寅，爲人正。三正正始，是以地正適其始紐於陽東北丑位。〔註107〕

樂律與八卦因此產生對應：

分其節於〈乾〉〈坤〉之位，列其畫於綴兆之中。相彼六爻，爰配數於六律；俾茲八體，俾叶義於八風。（白行簡〈舞中成八卦賦〉）

故能推一陽之生，爲三正之始。察黃鐘之氣，煦然以升；……人事尚昧於先春，天統已彰於建子。（裴度〈律中黃鐘賦〉）

既而推萬物之道，統三正之元。清濁既分於上下，躔次不惑於晝昏。
（闕名〈黃鐘管賦〉）

《史記‧周本紀》云：「今殷王紂乃用其婦人之言，自絕于天，毀壞其三正。」正義曰：「三正，三統也。周以建子爲天統，殷以建丑爲地統，夏以建寅爲人統也。」〔註108〕夏正建寅，殷正建丑，周正建子，合稱三正。一指天、地、人之正道，也稱三統。

五行亦於先秦時便與音律相對應。《尚書‧洪範》中記載五行：「一曰水，二曰火，三曰木，四曰金，五曰土。」〔註109〕《國語‧鄭語》載史伯云：「故先王以土與金、木、水、火雜，以成百物。」〔註110〕五行存乎天地間，無往不具，萬事萬物都由金、木、水、火、土五種物質組成，彼此之間相生相剋，使宇宙萬物循環往復，生生不息。這於《管子》、《呂氏春秋》等文獻亦有記載。將此五者運用，如「五行配五色」、「五行配五味」、「五行配五季」、「五行配五方」，說明宇宙萬物的起源和變化，形成了一個以「五」的系統。〔註111〕五音也可以與五行、季節、五星等相對應，如《管子‧幼官》：

五和時節聽宮聲，八舉時節（春）聽角聲，七舉時節（夏）聽羽聲，

〔註107〕〔漢〕班固：《前漢書》，卷21上，頁6～7。
〔註108〕〔漢〕司馬遷：《史記》，卷4，頁8。
〔註109〕《尚書正義》，卷12，頁169。
〔註110〕〔東吳〕韋昭解：《國語》，卷16，頁4。
〔註111〕五行爲木、火、土、金、水。五色爲青、紅、黃、白、黑。五味爲酸、苦、甘、辛、鹹。五音爲角、徵、宮、商、羽。五方：東、南、中、西、北。五季爲春、夏、季夏、秋、冬。

九和時節（秋）聽商聲，六行時節（冬）聽徵聲。〔註112〕

將五種時節與五音相對應，作爲國君行爲的規範。《淮南子·天文》將五音與五星對應：

東方木也，其音角；南方火也，其音徵；中央土也，其音宮；西方金也，其音商；北方水也，其音羽。〔註113〕

進一步確定宮爲土、徵爲火、羽爲水、商爲金、角爲木的配比關係。五行相生與五音密切的聯繫。《漢書·律歷志》亦云：

商之爲言章也，物成熟可章度也。角觸也，物觸地而出戴芒角也。宮中也，居中央暢四方，唱始施生爲四聲綱也。徵祉也，物盛大而繁祉也。羽宇也，物聚臧宇覆之也……協之五行則角爲木……商爲金……徵爲火……羽爲水……宮爲土。〔註114〕

在五行學說中，象徵王權的「宮聲土」在五行中央之位。商爲西方而屬金，角爲東方而屬木，徵爲南方而屬火，羽爲北方而屬水，五聲成東西南北中的格局。依其文獻，唐賦繼承音律與五行結合之說，將音律與之相對應：

律呂以迭而相成，陰陽以獨而不生。總二氣而取則，俾萬物而立程。可以揣亭毒之理，可以順天地之情。其繫時也，必誠必信；其吹萬也，無臭無聲。（王起〈律呂相生賦〉）

王起〈律呂相生賦〉出《儀禮·鄉射禮》注疏。以「予欲聞六律五聲」爲韻，未依次押韻。「相生」，即是木生火，火生土，土生金，金生水，水又生木，如此循環以至無窮無盡。以律呂二氣均節物之說、應時順序而爲的古制爲敘述之主要骨幹。

二、十二音律與十二節氣

十二律能與一年十二個月互相對應。《呂氏春秋·音律》云：

孟冬生夷則，仲冬日短至，則生黃鐘，季冬生大呂；孟春生太簇，仲春生夾鐘，季春生姑洗；孟夏生仲呂，仲夏日長至，則生蕤賓，季夏生林鐘；孟秋生南呂，季秋生無射，孟冬生應鐘。〔註115〕

每年四季，每季三月，每月分爲孟、仲、季，共爲十二月。以冬至之月爲黃

〔註112〕〔唐〕房玄齡注：《管子》，卷3，頁15。

〔註113〕《淮南子》，卷3，頁17～18。

〔註114〕〔漢〕班固：《前漢書》，卷21上，頁3～4。

〔註115〕《呂氏春秋》，卷6，頁4。

鐘，依次排列十二律與十二月的關係。《呂氏春秋・音律》認爲十二律是由風產生的，云：

> 大聖至理之世，天地之氣合而生風，日至則月鐘其風，以生十二律。

〔註116〕

《漢書》、《說苑》亦繼承相似的說法。天地陰陽之氣化合而生萬物，風是陰陽氣的運動，而其運動決定月份分別，依不同的月份吹不同的風。春風和煦，秋風蕭瑟，夏風狂暴，冬天的北風凜冽。不同的風有不同的聲音，陰陽氣的運動表現出十二音律，音律和月份相對應，於是音律與十二月產生關聯，即「天地之風氣正，十二律至也。」〔註117〕十二律與天文曆法的時令相關，所以律可以述時氣效節物也。

音律論中，十二律的命名與陰陽學說息息相關。乾卦六陽，坤卦六陰。以聲陽屬天，音陰屬地。聲爲律，音爲呂。呂律一陰一陽，共六陰六陽，就是周禮太師所掌的六律六同，用以和陰陽之聲。

漢代，易學與聲律之學的關係進一步的發展。《史記》、《漢書》、《禮記》都有把律與月份對應的概念。如《史記》將律與月份對應時，引入陰陽概念。曰：

> 十月也，律中應鐘。應鐘者，陽氣之應，不用事也。……十一月也，律中黃鐘。黃鐘者，陽氣踵黃泉而出也。……七月也，律中夷則。夷則，言陰氣之賊萬物也。……九月也，律中無射。無射者，陰氣盛用事，陽氣無餘也，故曰無射。〔註118〕

提出律與陰陽兩氣的對應。《淮南子・天文》除將十二律與十二月、十二地支對應外，又將十二律與二十四節氣對應：〔註119〕

〔註116〕　《呂氏春秋》，卷6，頁4。
〔註117〕　《說苑》：「天地之氣，合以生風，日至則日行其風以生十二律，故仲冬短至則生黃鐘，季冬生大呂，孟春生太簇，仲春生夾鐘，季春生姑洗，孟夏生仲呂，仲夏生蕤賓，季夏生林鐘，孟秋生夷則，仲秋生南呂，季秋生無射，孟冬生應鐘。天地之風氣正，十二律至也。」〔漢〕劉向：《說苑》，卷19，頁17。
〔註118〕　〔漢〕司馬遷：《史記》，卷25，頁4～7。
〔註119〕　二十四節氣的命名反映了季節、氣候現象、氣候變化三種。反映季節的是立春、春分、立夏、夏至、立秋、秋分、立冬、冬至，又稱八位；反映氣候現象的是驚蟄、清明、小滿、芒種；反映氣候變化的有雨水、穀雨、小暑、大暑、處暑、白露、寒露、霜降、小雪、大雪、小寒、大寒。《史記・太史公自序》所載司馬談「論六家要旨」中也曾提到陰陽、四時、八位、十二度、二

冬至，音比黃鐘；……小寒，音比應鐘；……大寒，音比無射；……
立春，音比南呂；……雨水，音比夷則；……驚蟄，音比林鐘；……
春分，音比蕤賓；……清明，音比仲呂；……穀雨，音比姑洗；……
立夏，音比夾鐘；……小滿，音比太簇；……芒種，音比大呂；……
夏至，音比黃鐘；……小暑，音比大呂；……大暑，音比太簇；……
立秋，音比夾鐘；……處暑，音比姑洗；……白露，音比仲呂；……
秋分，音比蕤賓；……寒露，音比林鐘；……霜降，音比夷則；……
立冬，音比南呂；……小雪，音比無射；……大雪，音比應鐘。
〔註120〕

漢代全面繼承這種將天文、歷法與音律融為一體的思想與做法，反映在
各種文獻中。例如《漢書‧律歷志》指出：

五聲之本，生於黃鐘之律，九寸為宮，或損或益，以定商、角、徵、
羽；九六相生，陰陽之應也。〔註121〕

與《易經》的九為陽，六為陰，陰陽二氣相應。《漢書》和《續漢書》兩部正
史中，將律和歷法放在一起，形成了〈律歷志〉。唐賦依循先唐典籍，云：

昔黃帝揆日，伶倫制律。將分天地之氣，以正陰陽之術。選碧鮮西
域而非妙，得厚均崑山而無匹。既翦既伐，玉潤之姿是分；以噓以
吹，金味之聲斯出。（梁洽〈吹竹學鳳鳴賦〉）

制律之初，採天地之氣，陰陽之術：

古者推歷生律，懸法示人。在寒暑之未兆，已斟酌於至神。（裴度〈律
中黃鍾賦〉）

既而合黃鐘，制大呂。作候不乖於晷刻，分時先報於寒暑。……由
是律候以正。其唯大聖。亦何必取鳳聲之竹，然後測陰陽之令。（梁
洽〈吹竹學鳳鳴賦〉）

透過十二律的變化，掌握時序，順相生之義，藉以頌聖：

其名可紀，則一暑而一寒；其數可陳，則陰六而陽六。所以均我節
物，而周乎倚伏。……則律不作，無以叶五音之術。呂不助，無以
成萬物之實。洞於精微，生於陰隲。在孕育以咸暢，處金石而無

十四節氣等概念。
〔註120〕　〔漢〕劉安：《淮南子》，卷3，頁19、20。
〔註121〕　〔漢〕班固：《前漢書》，卷21上，頁4。

失。（王起〈律呂相生賦〉）

〈律呂相生賦〉不以頌聖爲主，專論律呂及陰陽之效。認爲律呂可感通上下，以律呂符應天理，知順相生之義，可以順天地之情。

中國古代的音律，依據《周易》陰陽二氣相反相成辯證觀點，建構五聲、十二律相生相剋序列。將十二律呂配十二月和十二時，用律管來定音，也用律管在特定時節中吹奏，依吹出音色之情形，預測一年氣候的冷熱雨陽及吉凶情形，甚至傳說可以用律管改變天氣之雨陽寒溫。唐賦中云：

> 借如黃鍾建子以爲本，林鍾建未以爲君。動夷則而葉墜，應姑洗而草薰。霜雪因之以周忒，禽獸候之而必聞。（王起〈律呂相生賦〉）

「建子」指以夏曆十一月，也就是子月爲歲首的曆法。黃鍾律爲樂律十二律中的第一律，和冬至相應，時在十一月〔註122〕：

> 懿其十一月之節，十二辰之首。因積小以成大，得出無而入有。遂能以吹灰於中，動穀於口。（裴度〈律中黃鍾賦〉）

> 玉律奚始，黃鍾實先。潛應仲冬之候，仍居大呂之前。聲既還宮，初協乎八音七始；數從推歷，終由其兩地參天。（王榮〈黃鍾宮爲律本賦〉）

音樂發展繁簡變化，一如陰陽消長平衡般，熱極生寒而寒極生熱。十二律各有其五音，那麼所謂五行音樂的土、火、水、金、木五行屬性，建立在十二個不同的律上，使每種調式聽起來都有其特別的色彩，有不同的感受：

> 聽商則知愁霖春零，聞角乃韶華秋榮。羽發則寒生朱夏，徵來則暑移玄英。（王太眞〈鍾期聽琴賦〉）

聲音是天地間萬物之一種，所以聲音也有陰陽和五行。用律管來定音，在特定時間中吹奏。如此，與一年四季的五行相和配，認爲同氣相應，可以相互感召：

> 若八風順序，六氣和平。等四時之代運，符五位之相生。定寒暑之功，必能成歲；審疾徐之度，亦足和聲。（闕名〈律呂相召賦〉）

闕名〈律呂相召賦〉以「聲氣相叶如響之應」爲韻，未依次押韻。內容論律

〔註122〕《淮南子·天文》：「日行一度，十五日爲一節，以生二十四時之變。斗指子則冬至，音比黃鍾。」高誘注：「黃鍾，十一月也。鍾者，聚也，陽氣聚於黃泉之下也。」《淮南子》，卷3，頁19。又《獨斷》：「周以十一月爲正，八寸爲尺，律中黃鍾，言陽氣踵黃泉而出，故以爲正也。」〔漢〕蔡邕：《獨斷》，（臺北：藝文印書館《百部叢書集成》影印《百川學海》本），卷上，頁6。

呂調和陰陽之功效，認為律呂可生成品彙，使八風順序，六氣和平，四時代運，五位相生，其功甚鉅。又以陰陽律呂、宮商相應之說，以動靜之理、感應之惰，令百王共仰為結。雖無頌德揚聖之句，但以律呂符應天理，希望無為而治，間接呈以諫意。此外，闕名〈黃鍾管賦〉云：

> 國家上法黃軒，推衡律呂。覘一律之動靜，俾四時而式序。彼唐堯敬授，羲和欽若，未曰窮於寒暑者哉。（闕名〈黃鍾管賦〉）

好的音樂可使風調雨順，可使天下安寧、民富物豐。此學說將陰陽五行融為一體，利用五行相克、陰陽消長、五德轉移的理論解釋一年四季的變化和歷史演進的規律，並進而規範人民及王者的行為。

三、候氣之說

「律以應候」是中國古代為體現天、地、人三才合一理念，所發展出的一種測候之術，其作法是將黃鍾十二律的律管依序排列在密閉的房間內，並在長短不一的各管內，覆填以蘆葦膜燒製而成稱為「葭莩」的灰。古人相信當太陽行至各中氣所在的位置時，將引發地氣上升，而此氣可使相應律管中所置的葭灰揚起，表示該節候已到，依吹出音色之情形，來預測一年氣候的冷熱雨陽。《淮南子・天文》云：

> 子雲曰：聲生於日，律生於辰，聲以情質，律以和聲，聲律相協而八音生；故天常以冬夏至日，御前殿，合八能之士，候鍾律，權土灰，效陰陽。〔註123〕

說明音律與節氣，有極密切的關系。具體記載候氣之說，見於蔡邕的《月令章句》：

> 上古聖人本陰陽，別風聲，審清濁，而不可以文載口傳也。於是使鑄金為鍾，以正十二月之聲，然後以效升降之氣。而鍾不可用，乃截竹為管，謂之律。律者，清濁之率法也。聲之清濁，以律長短為制，乃置深室，以葭莩為灰，而實其端，其月氣既至，則灰飛管通。〔註124〕

候氣之法的產生，是於先秦樂律與十二節氣對應之關係基礎上產生。十二這個數字聯繫音律、天文和歷法。漢以後的「候氣說」，將音律與月份、節氣、

〔註123〕《淮南子》，卷3，頁22。
〔註124〕〔清〕王謨輯，〔漢〕蔡邕：《月令章句》，（臺北：藝文印書館《華菁叢書》漢魏遺書鈔本），一卷，頁8。

五行、陰陽等作對應且應用。如《後漢書·律歷志上》將天文歷法與律結合在一起，介紹「候氣」的理論及實踐：

> 候氣之法，爲室三重，戶閉，塗釁必周，密布緹縵。室中以木爲案，每律各一，內庳外高，從其方位，加律其上，以葭莩灰抑其內端，案歷而候之。氣至者灰去。〔註125〕

其他如《晉書》、《宋書》等，均敘述了候氣之法。

《隋書·律歷志》記載，隋文帝（581年～604年在位）曾開展此科學研究，實驗並不順利，文帝因此對典籍上有關候氣的占候學解釋加以駁斥。〔註126〕據文獻所記，歷代除了北齊信都芳及梁毛栖誠父子等少數人曾宣稱測候成功之外，其他人則少有徵驗。〔註127〕

唐代甚推崇「候氣之說」，王起〈葭灰應律賦〉強調葭灰銅管本乎天、通乎地、感兩儀、應六管，辨方辨卦、立節均氣的物用之說。說明葭灰感天應地、窮究神術的效果。葭灰同於十二律的有條不紊，聖人設之則明天之道、與天地宜契，使我皇「敬授不忒、爕理無虧」，藉律呂暗喻明此物之妙用，可德遍九州。

除了王起〈葭灰應律賦〉外，葭灰應律之說法亦散見於其他音樂賦作中：

> 未若竹管之用，前知歲時。葭灰之動，罔失毫釐。物之先見，應必在茲。取窾厚而均者，當微眇而候之。是則陰陽之運，變化之期。（裴度〈律中黃鍾賦〉）

> 吹灰於中，八音由是乎辛獲；動穀於口，五聲以是乎相生。（闕名〈黃鍾管賦〉）

〔註125〕〔劉宋〕范曄著、〔唐〕李賢注：《後漢書》，卷91，頁23。

〔註126〕《隋書·律歷志》：「隋開皇九年平陳後，高祖遣毛爽及蔡子元、于普明等，以候節氣。依古……每其月氣至，與律冥符，則灰飛衝素，散出于外。……高祖異之，以問牛弘。弘對曰：『灰飛半出爲和氣，吹灰全出爲猛氣，吹灰不能出爲衰氣。和氣應者其政平，猛氣應者其臣縱，衰氣應者其君暴。』」牛弘的解釋，遭到隋高祖的駁斥。〔唐〕魏徵：《隋書》，（臺北：藝文印書館影印武英殿本），卷16，頁10。

〔註127〕《隋書·律歷志》：「後齊，神武霸府田曹參軍信都芳，深有巧思，能以管候氣，仰觀雲色。嘗與人對語，即指天曰：『孟春之氣至矣！』人往驗管而飛灰已應。每月所候，皆無爽。」記載了後齊信都芳不但能以管候氣，而且獨創二十四輪扇以候氣，與管互相驗証，基本成功。〔唐〕魏徵：《隋書》，卷16，頁10。

> 雖覆載之莫窮，而飛灰可揣；謂陰陽之不測，而寸管斯分。（王起〈律
> 呂相生賦〉）

葭，指蘆葦之嫩芽，在季節上俗稱農曆十一月。以葭灰作爲測氣候方法之
一，用葭莩的灰放在律管上而測之，故冬至節稱「葭管灰飛」。在中國律曆史
上，因實測的結果難與理論契合，候氣說受到爭議。但因律曆並不僅屬於藝
術和天文，且帶有政治意義，因此「葭灰占律」具有國家制度色彩。唐、宋
文人對此深信不疑，寫作中每及季節變換，總愛引此爲題材。〔註128〕宋沈括
《夢溪筆談》記述候氣之法是：

> 先治一室，令地極平，乃埋律琯，皆使上齊入地則有淺深。冬至，
> 陽氣距地面九寸而止，唯黃鐘一琯達之，故黃鐘爲之應。……用鍼
> 徹其經渠，則氣隨鍼而出矣。〔註129〕

對歷朝候氣學說深信不疑。

參、音律與王者治道之附會

古人對音律的運用是多方位的。《史記‧律書》篇首開宗明義說：

> 王者制事立法，物度軌則，壹稟於六律，六律爲萬事根本焉。其於
> 兵械尤所重，故云「望敵知吉凶，聞聲效勝負」，百王不易之道
> 也。〔註130〕

本是屬於物理現象的樂律理論，卻被作爲以王道克敵制勝的工具。用音樂調
劑人心，融合群體，有移風易俗的功效。以五音附會王者治道，〈樂記〉中有
所記載：

> 聲音之道，與政通矣。宮爲君，商爲臣，角爲民，徵爲事，羽爲物，
> 五者不亂，則無怗懘之音矣。宮亂則荒，其君驕，商亂則陂，其官
> 壞，角亂則憂，其民怨，徵亂則哀，其事勤，羽亂則危，其財匱。

〔註128〕例如〔唐〕楊炯〈和騫右丞省中暮望〉：「玄律葭灰變，青陽斗柄臨。」〔唐〕
　　　　章孝標〈次韻和光祿錢卿二首〉：「同期陽月至，靈室祝葭灰。」〔唐〕李商隱
　　　　〈池邊〉：「玉管葭灰細細吹，流鶯上下燕參差。」〔唐〕杜周士〈閏月定四時〉：
　　　　「葭灰初變律，斗柄正當離。」〔五代〕韋莊〈銅儀〉：「銅儀一夜變葭灰，暖
　　　　律還吹嶺上梅。」〔宋〕蘇軾〈內中禦侍巳下賀皇太后冬至詞語〉：「伏以候氣
　　　　葭灰，喜律筒之已應。」〔宋〕王炎〈小重山〉：「日腳才添一線長。葭灰吹玉
　　　　管，轉新陽。」〔宋〕汪宗臣〈水調歌頭〉：「候應黃鍾動，吹出百葭灰。」等
　　　　等，不勝枚舉。
〔註129〕〔宋〕沈括《夢溪筆談》，卷7，頁19～20。
〔註130〕〔漢〕司馬遷：《史記》，卷25，頁1。

五者皆亂，迭相陵，謂之慢，如此則國之滅亡無日矣。〔註131〕

〈樂記〉認為一國之政，與音樂的道理是相同的。以宮、商、角、徵、羽與君、臣、民、事、物呼應，來象徵國家政治。唯有通達人倫，得以發和諧之音，進而有清明廣大之正樂。〈樂記〉如此穿鑿，後人因而附會，把樂理以哲學的角度描述。《禮記正義》曰：

> 宮爲君者，鄭注月令云：宮屬土，土居中央，摠四方，君之象也。
> 又土爰稼穡，猶君能滋生萬民也。又五音以絲多聲重者爲尊，宮絃
> 最大，用八十一絲，故宮爲君。崔氏云：五音之次，以宮最濁，自
> 宮以下，則稍清矣！君臣民事物亦有尊卑，故以次配之……（以下
> 釋商、角、徵、羽，與宮說法相同，故從略。）

又曰：

> 若宮音之亂，則其聲放散，是知由其君驕溢故也。崔氏云：宮聲所
> 以散者，由君驕也，若君驕則萬物荒散也。〔註132〕

〈樂記〉稱「聲音之道，與政通」認為五音需安其位不相奪，否則就會散漫混亂不成曲。把五音分爲君臣民事物五等，進一步闡釋五音是一種合於王者之道的倫序。並由此而生「宮生最大，律管最常」，因爲「臣民事物，不得凌君」，進而「商、角、徵、羽，不得過宮聲，過之則爲凌犯」。由於認爲君臣等五者可應乎五音，於是，由五音亦可以知吉凶。《史記·樂書》描述：

> 故聞宮音，使人溫舒而廣大；聞商音，使人方正而好義；聞角音，
> 使人惻隱而愛人；聞徵音，使人樂善而好施；聞羽音，使人整齊而
> 好禮。夫禮由外入，樂自內出。故君子不可須臾離禮，須臾離禮則
> 暴慢之行窮外；不可須臾離樂，須臾離樂則姦邪之行窮內。故樂音
> 者，君子之所以養義也。〔註133〕

五音中有一不順，則一聲應之而亂。若五音皆亂，交相侵凌，則淫樂充斥，國事即面臨滅亡的命運。於此推論出若「鄭衛之音」、「桑間濮上」之音樂都會帶給國家禍害。《史記·樂書》曰：

> 故樂所以內輔正心而外異貴賤也，上以事宗廟，下以變化黎庶也。
> 琴長八尺一寸，正度也。絃大者爲宮，而居中央，君也。商張右傍，

〔註131〕〈樂記〉，《禮記正義》，卷37，頁4〜5。
〔註132〕《禮記正義》，卷37，頁4〜5。
〔註133〕〔漢〕司馬遷：《史記》，卷24，頁41。

其餘大小相次，不失其序，則君臣之位正矣！〔註134〕

後儒強加解釋，已脫離音樂範疇。再如《漢書·律歷志》曰：

協之五行，則角爲木，五常爲仁，五事爲貌。商爲金，爲義，爲言，
徵爲火，爲禮，爲視；羽爲水，爲智，爲聽；宮爲工，爲信，爲思。
以君臣民事物言之，則宮爲君，商爲臣，角爲民，徵爲事，羽爲物。
倡和有象，故言君臣位事之體也。〔註135〕

班固亦將古代五聲音階與「君臣民事物」五者一一對應。後世學者，便將「五
音」穿鑿附會，使樂理的範疇更加擴大。此說由漢儒爲逢迎君王而起，流傳
後世。自鄭玄、孔穎達以下，學者鑽研於解釋宮何以爲君，商何以爲臣等，
動輒數百言。如《晉書·樂志》曰：

宮爲君，宮之爲言中也，中和之道，無往而不理焉。商爲臣，商之
爲言強也，謂金性之堅強也。角爲民，角之爲言觸也，謂象諸陽氣
觸物而生也。徵爲事，徵之爲言止也，言物盛則止也。羽爲物，羽
之爲言舒也，言陽氣將復，萬物孳育而舒生也。〔註136〕

儒家音樂的道理，是合於禮、合於倫理，強調和政治息息相通。

唐代賦家在此傳統下，不論是否明其是非，無敢輕議。自然也賦予五音
合於君臣倫序的功能：

是宮不亂而爲君，商不亂而爲臣。徵不亂以爲事，角不亂以爲民。
羽不亂以爲物，五音備以爲眞。……至如宮之亂兮君荒。商之亂兮
臣亡。徵之亂兮事失，角之亂兮民傷。羽之亂兮物匱，五音怪而改
常。（徐寅〈歌賦〉）

奏宮而君位斯合，動商而臣道克符。角之鳴人斯度矣，徵之應事而
形乎。理方元氣，政亦陰敷。（獨孤申叔〈審樂知政賦〉）

先生特執由心之理，而昧感人之功。俾清濁不聞於大小，宮商莫辨
夫始終。攫之深，舍之愉，促空軫而奚則；角爲民，徵爲事，扣無
聲而曷通。（張隨〈無絃琴賦〉）

音樂與君臣的對應關係，其倫理意義是十分明顯的。這種對應，也合於人倫
的規範：

〔註134〕　〔漢〕司馬遷：《史記》，卷24，頁40～41。

〔註135〕　〔漢〕班固：《前漢書》，卷21上，頁4。

〔註136〕　〔唐〕房玄齡：《晉書》，卷22，頁12。

> 亦由顧影而形分，命宮而商應。合君臣際會之理，得夫婦剛柔之稱。
> 精誠所致，雲龍之感召必同；終始相明，日月之循環可證。(闕名〈律
> 呂相召賦〉)

原爲音樂樂理基礎的五音律呂，經層層附會，在治理國家社會政治功能上有
更多闡釋。歷代文獻如此的敘述，唐音樂賦也依照傳統：

> 角之音兮和而治，商之音兮廉而恥。徵之音兮正而始。皆可以敘九
> 功，康百揆。琴之聲兮既若此，歌之聲兮復如彼。(蔣防〈舜琴歌南
> 風賦〉)

五音與性道結合，聞音可以自戒，處暗處可以慎獨：

> 擊之於宮，聲無不通。乍超越以迥出，竟周流而四充。聞之者足可
> 以自誡，聽之者於焉而發聰。若然，則處暗室者，可以慎獨；在多
> 言者，曷若守中。……運四氣而應律，合五音而中矩。必將察理亂
> 之變，明是非之至。……原乎其異，察乎所以。若禮之失，惟鐘是
> 比。苟因聲而必聞，信無良而可恥。故能分清濁，韻宮徵。將有感
> 於動心，寧取樂於盈耳。(李程〈鼓鐘于宮賦〉)

合五音可以察變，君子聽之自然察其所以，必能有感於心。潘炎作〈君臣相
遇樂賦〉序亦言：

> 繼天者君也，戴天者臣也。下之事上，作股肱耳目；上之任下，敷
> 心腹腎腸。甚矣哉！君之難，臣之不易也。

以樂比附君臣之理，盛讚君臣之間的和諧。文中「且宮爲君，商爲臣，其德
斯薄」、「事無事明主之衣已垂，爲無爲大臣之衷何補」、「不殊東戶之代，何
謝南風之薰？遠無攜而迷不逼，我爲臣而堯爲君」、「一屈一伸，下兢上讓；
或右文而左武，或先籥而後唱」等，從樂之音，樂之內容，唱和過程等各方
面講述君臣相和，藉以比附君臣相輔相依，其樂融融。此種以音樂包含著君
臣關係的倫理意蘊，是中國傳統音樂文化重要特徵，自然也是音樂賦敘述的
重要內容。

　　儒者並非樂律家，原爲五種基本音階的五音，經此相沿層層附會，望文
生義，削弱五音原始於音樂中的價值。每種樂器都有其獨特音色，可表達不
同個性及情感。但若聽某種音樂，聯想到的是某種臣屬，那麼音樂聲響或理
論，少了感動的因素，便喪失陶冶性情之效。但對於唐代的賦家而言，不論
對於音樂藝術的修爲如何，是否具有樂器演奏的技藝或感動，當面對作爲科

舉考試功用的文學，僅能因循典籍，藉儒家的穿鑿附會達到求仕任官的政治
目的。

第六章　唐代音樂賦之美學及思想

　　音樂美學是一門探討音樂審美觀點的人文領域，旨在探索音樂美感構成法則，及對於音樂美感經驗評論之標準。以作品做為起點，透過音樂賦的文本解析，從欣賞的角度著眼，一方面從不同歷史時期的哲學與人文思想背景，了解當時音樂審美觀念的發展演變，及對於音樂創作理念與風格發展之影響；另一方面透過音樂賦的創作形態分析唐代音樂賦創作程式的結構特徵，理解當時音樂文學欣賞抱持的音樂審美觀點，及如何以賦體文學呈現唐代音樂審美的時代風格。

第一節　音樂賦與音樂詩表現方式之比較

　　各種文體都有其特殊的形式特徵、表現方式及美感傾向，作者透過不同的書寫技巧表達思想與情感，傳達作品的功能與目的。以唐人而言，詩賦仍是文學的雙主流，所以規劃為科舉考試的文學科目。賦本是詩的別支，卻回流影響了詩。〔註1〕唐詩是中國古典詩歌的黃金時代，唐代音樂詩之書寫，亦是反映唐代文化之重要題材。本節就賦體與詩體的文體特徵、本質區別及相互影響來比較，討論同名音樂詩與賦於相同命名下書寫方式、關注焦點及內涵有何特色。

壹、賦的文體特徵

　　賦是文體的一種。劉勰《文心雕龍‧詮賦》說：「然賦也者，受命於詩人，

〔註1〕 簡宗梧：〈賦之今昔〉，《重慶工商大學中國韻文學國際學術研討會論文集》，
　　　　（2002年），頁21。

拓宇於《楚辭》也。」〔註2〕認爲賦是由《詩經》、《楚辭》發展而來的，分別爲賦的遠源與近源。賦的文體特徵決定了賦文本特殊的存在本質，下定義之前，先觀察古人在這方面的認識。

一、先唐賦的文體特徵

「賦」可理解爲《詩經》「六義」之「賦」，爲詩的一個類別。《周禮・春官・宗伯》中有「六詩」的說法，《毛詩》稱之爲「六義」，即風、賦、比、興、雅、頌。鄭玄釋「賦者，鋪陳今之政教善惡。」孔穎達《毛詩正義》說，鄭玄之釋義，其「言通正、變，兼美刺也」，又說「賦」屬於《詩》之「三用」。〔註3〕據鄭玄的注解，「賦」是鋪的意思，並非指文體。不過《詩經》中鋪陳言志的手法，對賦體的形成有一定的影響。

孔子曰：「君子登高必賦」〔註4〕，因之《漢書・藝文志》云：「不歌而誦謂之賦，登高能賦，可以爲大夫。」〔註5〕以賦文體言之，其特徵爲何？

戰國時宋玉（約前298年～約前222年）云：

> 楚襄王既登陽雲之台，令諸大夫景差、唐勒、宋玉等並造〈大言賦〉，賦畢而宋玉受賞。王曰：「此賦之迂誕則極巨偉矣，抑未備也。」〔註6〕

其所評賦文本意象「迂誕」、「巨偉」的體裁特徵是非理性、反邏輯、虛構且誇張。

賦論史上，漢代枚乘（？～前140年）說明賦體文學的語言特徵，於〈七發〉中云：

> 既登景夷之台，南望荊山，北望汝海，左江右湖，其樂無有。於是乃使博辯之士，原本山川，極命草木，比物屬事，離辭連類。〔註7〕

戰國遊說之「博辯之士」，在政治場域急功近利，但用辭乃在於「原本山川，極命草木，比物屬事」，把自然美轉換爲文學美，表明賦體文學是審美的、文學的。賦乃詠物之體，以寫物爲主，所詠之物使主體獲得高度審美愉悅。而

〔註2〕〔梁〕劉勰：《文心雕龍》，卷2，頁7。
〔註3〕《毛詩正義》，卷1，頁9。
〔註4〕見〔漢〕韓嬰：《韓詩外傳》，卷7，頁14。
〔註5〕〔漢〕班固：《前漢書》，卷30，頁45。
〔註6〕〔宋〕章樵注：《古文苑》，（臺北：藝文印書館《百部叢書集成》影印《守山閣叢書》本），卷2，頁4。
〔註7〕〔梁〕蕭統：《文選》，卷34，頁7。

賦文本寫物的語詞是「離辭連類」，按寫物類別分類堆砌，同類、相似之物或相應的語詞放在一起書寫，以物寫事，故多用比興，在文體上表現出來就具有「離辭連類」的特徵。

司馬遷（前135年～前87年）對賦體文學語言特徵的認識是「其文約，其辭微，……其稱文小而其指極大；舉類邇，而見義遠。」〔註8〕認爲以語言有限性通達內容意義的無限性，以比喻、轉喻和象徵性的語言，呈現出語言張力。此爲針對騷體賦指出賦體文學語言比興的特徵。

揚雄（前53年～18年）從審美語言觀賦，認爲依《詩經》傳統創作宗旨創作賦文本，其語言的「麗」是符合法度的；依辭人說辭習氣創作賦文本，其語言「麗」的美是無存在合法性。他批評司馬相如賦語言的特色是「文麗用寡」〔註9〕，文辭華麗而實用性少。於《法言・吾子》言「詩人之賦麗以則，辭人之賦麗以淫」〔註10〕，對賦體文學語言的「麗」進行了價值判斷。

班固（32年～92年）把屈原以來的賦史總結爲兩部分，一是屈原，賦體文學的特徵是審美的語言形式與諷諭的內容兼有。另一部分，從屈原之後算起，這階段賦體文學的最大特徵就是「竟爲侈麗閎衍之詞，沒其風諭之義」〔註11〕。班固序〈騷〉言：

多稱昆侖冥昏宓妃虛無之語，皆非法度之政，經義所載。〔註12〕

東漢文學家王逸解釋爲：

〈離騷〉之文，依詩取興，引類譬諭。故善鳥香草，以配忠貞；惡禽臭物，以比讒佞；靈修美人，以媲於君；宓妃佚女，以譬賢臣；虬龍鸞鳳，以托君子；飄風雲霓，以爲小人。其詞溫而雅，其義皎而朗。凡百君子，莫不慕其清高，嘉其文采，哀其不遇，而閔其志焉。〔註13〕

王逸對楚地文化的賦體特徵說明：

昔楚國南郢之邑，沅湘之間，其俗信鬼而好祀，其祠必作樂鼓舞，

<hr>

〔註8〕　〔漢〕司馬遷：《史記》，卷84，頁2。
〔註9〕　《法言・君子》：「文麗用寡，長卿也。」〔漢〕揚雄：《法言》，卷9，頁2。
〔註10〕　〔漢〕揚雄：《法言》，卷2，頁1。
〔註11〕　〔漢〕班固：《前漢書》，卷30，頁46。
〔註12〕　〔漢〕王逸章句：《楚辭》，〈序騷〉，頁7。
〔註13〕　〔漢〕王逸章句：《楚辭》，卷1，頁2。

以樂諸神。屈原放逐，竄伏其域，懷憂苦毒，愁思沸鬱，出見俗人
祭祀之禮，歌舞之樂，其詞鄙陋，因為作〈九歌〉之曲。上陳事神
之敬，下以見己之冤結，託之以風諫。故其文意不同，章句雜錯，
而廣異義焉。〔註14〕

認為屈原仿效《詩經》，歸納騷賦文本意象系統主要特徵為比興。王逸亦認為
屈原賦文本語言特點主要表現為「華辭」。

劉勰（約465年～約532年）於《文心雕龍》中，認為賦起源《詩經》「六
義」中「賦、比、興」之「賦」，賦體文學直接以「詩三百」的敘事方式、技
巧為源頭：

襲楚信讒，而三閭忠烈，依《詩》製〈騷〉，諷兼「比」、「興」。炎
漢雖盛，而辭人夸毗，詩刺道喪，而興義銷亡。於是賦頌先鳴，故
比體雲構，紛紜雜遝，信舊章矣。〔註15〕

亦認為以原始神話、巫話為內涵的騷賦語言是賦體的一個顯明特徵，劉勰於
〈辯騷〉中言：

至於托雲龍，說迂怪，豐隆求宓妃，鳩鳥媒娀女，詭異之辭也；康
回傾地，夷羿蔽日，木夫（天）九首，土伯三目（足），譎怪之談
也。〔註16〕

劉勰賦論主要是就大賦而言，依其意見，賦語言特徵主要是直接敘述、鋪陳
性質的語言為主，而「賦者，鋪也，鋪采摛文，體物寫志也。」說明賦的主
要特點在於鋪陳事物。

鍾嶸（468年～518年）《詩品》說：「直書其事，寓言寫物，賦也。」
〔註17〕可見，鋪陳美麗辭句是賦的形式，而敘事寫物是賦的內容。「驚采絕
豔」亦為賦文本語言的文體特徵之一。

總而言之，先唐時期就騷體賦而言，認為是賦家寫個人政治人生際遇及
對人生複雜感情抒懷，用典故來鋪陳離愁別緒，藉賦體文學表達自己當下處
境的自我慰解。就大賦而言，認為主要是頌美和體物，頌美是賦潤色鴻業的
功能，是歌頌王者成功的傳統敘事方式。體物目的在於使賦體文學的接受主
體得到聲色方面刺激，細膩誇張地描寫其內容。

〔註14〕〔漢〕王逸章句：《楚辭》，卷2，頁1。
〔註15〕〔梁〕劉勰：《文心雕龍》，卷8，頁1～2。
〔註16〕〔梁〕劉勰：《文心雕龍》，卷1，頁10。
〔註17〕〔梁〕鍾嶸著，徐達譯注：《詩品》，（臺北：臺灣古籍出版，1997年），頁12。

在寫作手法上，認爲騷體賦富於比興，是一種象徵的文學，其語言特徵是「所指」的意義遠大於「能指」。大賦的賦體在寫作上主要特徵是「鋪」，有展開和敘事的雙重涵義。是一種誇耀式的展示，是大賦文本空間化的特徵。〔註 18〕敘事則是指陳述性的寫作，其語言的能指與所指往往具有同一性，兩者之間沒有什麼張力，這樣的敘事方式長於體物，且使大賦文體較之騷體賦主要具有的不是情靈之性，而是物性。〔註 19〕

二、唐駢賦

駢賦之「駢」指的是並列、對偶的意思，因此此類賦中有明顯的對偶。唐代駢賦創作以初、晚唐較多，現存作品三百多篇，數量僅次於律賦。

唐代駢賦延六朝餘緒，致力追求唯美化，「儷事」、「比偶」爲駢賦的形體特徵。〔註 20〕在形式上的表現是多用四六隔句對、平仄穩切協調、廣用五七言詩句、好用典故等特色。辭藻方面，刻鏤辭藻是魏晉六朝以來各類文體一致的傾向，駢賦句式限於駢偶，在辭彙使用更須精研，才能達到「窺情風景之上，鑽貌草木之中，吟詠所發，志惟深遠；體物爲妙，功在密附」〔註 21〕的地步。此外，駢賦也受到其他賦體之影響，多少帶有騷體賦、散體賦的特色。

唐代駢賦相較於先唐駢賦，在形式上並無太大變革，風格上卻有改變。唐建國之初，君臣鑑於前朝覆亡的教訓，政治上勵精圖治，對於文學，則重視其政教功能，反對一味追求綺靡、浮華的作品。文學形式雖以駢詞儷語爲主，但在風格上已非六朝之萎靡，展現剛健清新之氣。〔註 22〕

唐賦中以音樂爲題材的駢賦作品有唐初虞世南〈琵琶賦〉、李百藥〈笙賦〉、薛收〈琵琶賦〉，太宗時人謝偃〈觀舞賦〉、〈聽歌賦〉，楊師道〈聽歌管賦〉，玄宗時李瓘〈樂九成賦〉、敬括〈觀樂器賦〉、邵軫〈雲韶樂賦〉、達奚珣〈太常觀樂器賦〉、王太眞〈鐘期聽琴賦〉、鮑防〈歌響遏行雲賦〉、李子卿

〔註 18〕　例如〈子虛〉、〈上林〉等具體的賦文本空間意象呈現方式。
〔註 19〕　參見萬光治：《漢賦通論》，（成都：巴蜀書社，1989 年），頁 7。
〔註 20〕　《歷朝賦格・凡例》說：「凡屬詞儷事、比偶成文者，列爲駢賦一格。」〔清〕陸葇：《歷朝賦格》，（濟南：齊魯書社，1997 年），頁 274。
〔註 21〕　見〔梁〕劉勰：《文心雕龍》，卷 10，頁 2。
〔註 22〕　《賦話》云：「初唐人儷語帶沉鬱古拙之氣。」〔清〕李調元《賦話》卷 1，頁 5。《藝苑卮言》云：「詞旨華靡，固沿陳、隋之遺；骨氣翩翩，意象老境，超然勝之。」〔清〕王世貞：《藝苑卮言》，（濟南：齊魯書社，2005 年），頁 1879。

〈功成作樂賦〉，穆宗時翰林學士李德裕〈鼓吹賦〉等等。這些賦作，有的繼承傳統，爲描寫音樂的體物之作，有的則藉以抒發懷情。亦有別於傳統作品，爲唐賦新創作的主題，藉以頌揚君國。由於作者多、題材廣，又不似律賦爲科場命題文字，因而較能體現唐代時代精神及作者情志懷抱。〔註 23〕

三、唐律賦

律賦是格律化的賦，爲唐、宋時代科舉考試所採用的試體賦。宋代王銍《四六話》序說：「唐天寶十二載，始詔舉人策問，外試詩賦各一首，自此八韻律賦始盛。」〔註 24〕與律詩一樣，是唐代格律化的另一種文體。

科舉考試命題作賦，特別講究程式，律賦與騈賦最大的差異在於「限韻」，限定了表示立意要求的韻腳字。韻數不固定，一般爲八字，所以稱八韻律賦。律賦的押韻使之具有詩的音樂性，較其他辭賦有更明顯的韻律感。此外，律賦比騈賦更追求對仗工整，並注意平仄諧和。對於篇幅也有所限制，雖有例外，但一般字數在三百字至四百字之間。〔註 25〕賦的開端要破題，在首四句中先將題目的字面意思點出來，才合乎規定。既要貼切題意，籠罩全文，又要開門見山、出手不凡。律賦吸收騈體賦對仗，更加有意識的押韻，其辭藻麗，而賦傳統上的隸事用典，能夠檢驗士子的學問與才情，腹笥甚窘者往往難以措手。在文學上體現了中國傳統的文章技巧和觀念，是中國形式主義的重要載體。〔註 26〕

唐獻納賦頌，風氣盛行。而唐賦之盛行與詩賦取士之制度關係密切，以律賦取士，學習與創作律賦，自然爲士子所重。律賦，比騈賦多了命題、韻腳、字數、構篇等限制，作品數量雖多，因其出於科舉，章旨常與政治相關，不重視識器與個性，較騈賦無彈性，從而使之產生形式主義傾向。不過也因爲應試的需要，律賦在辭藻、聲韻、對偶方面更加講究，六朝以來唯美化、律化的追求至此可謂到達頂點。

〔註 23〕 趙成林：〈唐賦分體研究〉，（武漢大學博士論文，2005 年），頁 13。

〔註 24〕 〔宋〕王銍：《四六話》，（臺北：臺灣商務印書館《叢書集成簡編》，1965 年），頁 1。

〔註 25〕 李調元：《賦話》云：「唐時律賦，字有定限，鮮有過四百者。」〔清〕李調元：《賦話》，卷 4，頁 4。鈴木虎雄在《賦史大要》中亦云：「試賦長者，通例三百五十字以上，四百字以下。」鈴木虎雄撰，殷石臞譯：《賦史大要》，頁 178。

〔註 26〕 汪小洋、孔慶茂：〈論律賦的文學性〉，《江蘇廣播電視大學學報》，第 14 卷，第 1 期（2003 年），頁 45～49。

貳、詩體與賦體本質區別及相互影響

韻文文體發展至漢代，以「賦」的形式展現說理與敘事的風采。班固〈兩都賦序〉曰：「賦者，古詩之流也」，言賦源於詩。賦是「韻文」，介於詩與文之間的一種文體，其發生與發展史與詩有著密切的關聯。

六朝之後形成詩、賦平行發展且又互相滲透。一方面辭賦、散文不斷詩化，另一方面，詩也不斷賦化，此種態勢持續到初唐。

王力《古代漢語》指出：「賦與詩、騷的分別，必須從內容與形式兩方面考察。賦比騷抒情的成分少，詠物說理的成分多，詩的成分少，散文的成分多。」〔註27〕說明了詩、賦與騷文的不同。

考察唐代的政治與社會脈絡，科舉考賦的制度，促使人才備出，「詩」與「賦」的作品成為唐代文類極為重要的一部分。

一、詩與賦比較

《漢書‧藝文志》云：「不歌而誦謂之賦」，合不合樂為當時賦與詩的區分標準。由於賦是在與音樂脫離的背景下產生，重在內容的鋪敘描寫，並不關注與音樂節奏的配合，也缺乏歌唱韻律詠歎色彩，因而沒有詩歌那樣嚴整的格律節奏要求。然而詩與音樂分離之後，詩與賦之間也就無法單純用合樂與否來區別。這時從文體學的角度進行賦與詩之比較，較能提出詩與賦的差異。

從形式看，詩篇幅短小，賦篇幅較長。詩結構上較無固定模式，例如開頭書寫手法可以以景託物，也可以以物比附，時空情景上的描寫非連續，具有跳躍性。賦的結構則分開頭、正文、結尾，有的賦還有「序」或「亂」，時空的布局安排，表現「鋪陳有序」。

詩和賦都是韻文，皆有押韻，亦有限韻之制，這是二者之共同點。不同之處在於詩歌押韻較固定，除古詩或樂府詩可換韻外，尤其是絕句或律詩形式，不可換韻。賦在押韻上較詩有變化，多隔句押，數句一換韻。限韻是規定押韻之字，賦之限韻則在限定所押的韻部種類。

從句式看，詩尚含蓄精練，賦尚鋪排宏麗。詩的語言精煉，少虛字，字義密度高，以四言、五言、七言為主，句式安排整齊，沒有散句，全詩音節上的變化一致，靈活性有限。在句與句或是段與段之間，偏重內在的聯繫，

〔註27〕　王力主編：《古代漢語》，（北京：中華書局，1998 年），頁 1361。

較少用連結的詞語，其節奏靠「頓」來實現。賦的句式則字數不拘，於散文書寫中加入韻文的特色，部分以四言、六言爲主，亦有三言、五言、七言等句式，還有許多長句，節奏上具緩急變化，句式相對靈活而多變。段落常以「爾乃」、「於是」、「若夫」之類的詞領起，〔註28〕部分夾雜散文句式，或採用騷體句式進行創作，語言疏密之間具有強烈的節奏感。

內容鋪陳方面，詩辭情少而聲情多，重視主觀的「感」；賦聲情少而辭情多，重視客觀的「知」。詩描寫事物的手法著重在情景交融，較多抒情之作，往往著其一點來表現其韻味，藉物呈現主觀的感情，寫出人的內在世界。體物之作以賦爲多，描寫事物的手法著重在鋪陳。對事物的描繪是多方面的展示，除了騷體賦外，抒情成分較少，詠物說理成分較多，散文的成分亦多。從藝術風格上說，詩趨向於內斂而生動，以「興」的技巧運用較多，語言風格表現爲強調暗示、烘托，以及隱晦曲折，通過形象的無限意味使人聞之動心。賦以「比」的技巧運用較多，以「鋪采摛文」爲風格特點。

從功能性言之，賦與詩皆有「言志」的功能。詩體的功能較多元，除具有文藝審美功能本質，也有政治與道德的功能。可以因情造景、借景生情，將個人感情作出豐富的反映，亦可傳遞倫理道德意識。即《論語・陽貨》云：「詩可以興，可以觀，可以群，可以怨；邇之事父，遠之事君，多識於鳥獸草木之名。」〔註29〕激發「共鳴」之情。賦體爲一種較爲純粹的文學方式，它的功能基本上是文學的或審美的。比一般詩歌離民間藝術較遠，文人化的程度較深。〔註30〕在唐代成爲科舉科目後，賦成爲對偶精工、音韻協調、製題新巧的考試工具，用途是向皇帝顯示才華，以求功名祿位。表面上賦的地位提高了，實際上嚴謹的規定使賦體僵化。

唐代律賦與律詩一樣，都是格律化的韻文，律詩篇幅較短小，語言的伸縮性有限。相比之下，律賦的篇幅較長，語言可長可短，吸收了詩歌語言的長處，又借鑒散文的特點，尤其是駢體文的特點，但又有一定的格律要求。律賦的駢偶與詩不同，句式是可變的。律賦可視爲詩化的文章，或散文化的詩。律賦與詩在唐代是相互作用的，在一定程度上彼此刺激文學的發展。

〔註28〕 見韓高年：《詩賦文體源流新探》，（成都：巴蜀書社，2004年），頁151。
〔註29〕 《論語注疏》，卷17，頁156。
〔註30〕 朱光潛：《詩論》，（臺北：五南圖書出版公司，2006年），頁217。

二、賦體和詩體的交叉融會

　　詩固然是賦的文體淵源，然而賦成爲一種獨立的文體之後，反過來對詩的發展，尤其是在技巧和素材方面提供了新的想法。

　　詩吸收了賦的某些形式要素，如鋪陳、對偶，以及賦的常用題材等。賦本身的「鋪采摛文」，使創作者在文字上尋找美感。齊整和對仗是形成文學美感的一種手段，在組織詞彙、交換聲韻、形式表達上，具有一種獨特的美學品格，詩中的徘偶手法也日益豐富。〔註31〕

　　賦與詩相比，在以體物爲題材的作品中有著優勢，在描寫宏大規模的場面上也有其所長，因此，賦拓寬了詩的題材。就韻文而言，兩漢賦對詠物、京都、宮苑、城邑等題材，占有重要地位。從兩晉開始，此類賦的題材，逐漸延伸到詩歌領域。詠物詩成爲詩歌重要題材之一，如宮廷中大量描寫景致器物的唱和之作，此類詩歌就如精簡壓縮過的詠物小賦，其性質爲描寫而非抒情。初唐詩歌的賦化現象體現在賦體歌行中，如大賦般追求宏觀的全景場面，以鋪張揚厲的賦法，表現戲劇性的對比與變化。〔註32〕唐初常用賦法創作詩歌，初唐四傑常有這種鋪陳手法的運用，如盧照鄰的〈長安古意〉、駱賓王〈帝京篇〉等，對長安貴族富家的繁華進行鋪寫，長篇歌行排比鋪陳，氣勢磅礴，是賦對詩歌表現手法的一大貢獻。

　　唐代是格律詩定型成熟的時期，賦家兼具詩人的雙重身分，使唐代賦更趨近於詩，不但延續六朝以來亂辭詩化、賦中繫詩的習慣，〔註33〕賦的句式中大量出現五、七言詩句。〔註34〕賦在鋪陳方法、對偶、題材上影響詩的發展，而在篇幅的小品化、語言的抒情化，以及詩歌常用技巧如情景交融等手法上，吸收詩的精華和表現要素。

　　縱觀賦與詩的發生與發展，從「賦者，古詩之流」始，賦不斷地從詩中

〔註31〕　朱光潛說：「在聲音和意義的對偶方面，賦給了詩以莫大的影響」，「詩和散文的駢儷化都起源於賦。」朱光潛：《詩論》，頁209。

〔註32〕　商偉：〈論初唐詩歌的賦化現象〉，《北京大學學報》，第 5 期（1986 年），頁109～114。

〔註33〕　魏晉南北朝時期的詠物抒情小賦，一般篇幅短小，語言華美，不僅內容逐漸詩化，形式也逐漸融入五、七言詩句。隨著永明新體的產生，詩句或融入辭賦的詩句逐漸律化，如沈約〈金華八詠二〉、〈望秋月〉已是詩賦相伴。而後徐陵、庾信用於賦中的五七言詩句，已不用「兮」字，類似雜言古詩。

〔註34〕　陳成文：〈唐代古賦研究〉，（政治大學中國文學研究所博士論文，1998 年），頁 130。

吸取精華，使體物的鋪敘和抒情相融合。同時，賦所具有的鋪陳方法及對偶特點也對詩產生影響，從而推動詩體向更豐富的方向演進。

參、同名音樂詩賦之比較

　　唐賦雖因詩歌及散文的成就掩其鋒芒，仍有值得著重的文學地位。唐代風行極多匠心獨具的音樂詩，而音樂賦亦不遑多讓，顯示唐人音樂文化生活的深入性。

　　魏晉以來，貴族士大夫大多雅好音樂，善音樂成為文士重要的文化素養。如顏之推《顏氏家訓·雜藝》曰：

　　　《禮》曰：「君子無故不徹琴瑟」。古來名士，多所愛好。洎於梁初，

　　　衣冠子孫，不知琴者，號有所闕。〔註35〕

唐代歌舞享樂風氣極盛，由於文藝方面的政策開明，音樂方面才俊之士取得較高的社會地位。詩文辭賦大家，即席按曲填詞、吟歌撫琴成為一時風尚。從而形成唐代文人音樂文化。

　　音樂詩能否描寫深細，與詩人音樂素養之高低攸關密切。從唐代音樂詩中，可以察覺詩人掌握音樂表現之能力，往往與對音樂理解、體悟程度之深淺成正比。多數詩人慣用的手法是將音樂欣賞感受，憑直覺體驗書寫，並化作文字想像、移情作用。對於樂曲的基本感情，往往局限於喜怒哀樂的表徵，而不能更深入地體驗樂曲感情的內在涵義。因此，對音樂欣賞中感情體驗，要求要有理解認識的參與，即欣賞者要從各個方面去研究和了解樂曲感情的內在涵義。〔註36〕大體說來，詩人本身之音樂修為愈深厚、愈豐富，對於音樂的詮釋、理解也會相對準確、深刻。〔註37〕以較為專業、全面之角度寫作，不僅助於後人理解唐代之音樂文化，亦提高音樂詩之歷史價值。唐人中，元稹與白居易之音樂詩，除了對音樂感情之基本書寫，更含有作者對音樂深層理解與認識後的表達與思想。例如白居易的〈琵琶行〉或〈霓裳羽衣曲〉，能精準具體的描述及分析音樂。除此之外，李頎、方干、吳融等，皆有描寫細膩、體驗深刻之音樂詩作。相對於從音樂賦中，則不易考察出作者於音樂領

〔註35〕〔北齊〕顏之推：《顏氏家訓》，（臺北：藝文印書館《百部叢書集成》影印《抱經堂叢書》本），卷 7，頁 14。參閱王利器：《顏氏家訓集解》，（北京：中華書局，2002 年）。

〔註36〕張前：《音樂欣賞心理分析》，（北京：人民音樂出版社，1983 年），頁 33。

〔註37〕孫貴珠：〈唐代音樂詩研究〉，（臺北：臺灣師範大學博士論文，2005 年），頁 169。

域所具備的音樂能力。畢竟，音樂賦所強調的方向，在於對經籍的熟稔及音樂故實的運用，不完全關注於純音樂領域技巧能力的表現。

　　唐代音樂詩人如白居易、劉禹錫、元稹、顧況、李益等人，或善於歌詩，或善於倚聲填詞，或善於樂器彈奏之記載，可以發現詩人音樂素養與音樂詩創作數量多寡關聯極大。此外，如果詩人對音樂的素養較為薄弱，即使有音樂詩作，但往往沿襲、套用前人之語，不然就是停留於浮泛略說的層次。〔註38〕這時的作品就會與音樂賦的風格較為接近。從音樂詩賦作品的統計觀察中，有音樂鑑賞能力的作者，似乎較喜愛創作音樂詩而少用賦來書寫其音樂志趣。就以白居易而言，其寫詩也寫賦，他創作音樂詩之數量為唐人之冠，成為後人瞭解及研究唐代音樂文化有利的參考資料，但他卻未留下任何一篇音樂賦作品。其他擅長寫作音樂詩的作家如張祜、劉禹錫、元稹、李白、顧況、王建、李嶠、韋應物、李益等，除元稹寫了〈善歌如貫珠賦〉、〈奉制試樂為御賦〉兩篇音樂賦外，其餘作家也都沒有音樂賦的作品留存下來。

表 6-1-1　唐代音樂詩〔註39〕與音樂賦代表作家

音樂詩		音樂賦	
詩　人	音樂詩數量	賦　家	音樂賦數量
白居易	81	高郢	4
張祜	33	李程	4
劉禹錫	23	王起	4
元稹	15	裴度	3
李白	14	呂溫	3
顧況、王建	13	謝偃、梁洽、錢起、喬潭	2
李嶠	11	潘炎、鄭錫、李子卿、獨孤申叔	2
韋應物、李益	10	元稹、王棨、黃滔、徐寅	2

　　若從題目比對可發現，音樂賦的題材以經典、雅樂等為多，其政治的功能顯著。而音樂詩相對較關心以胡、俗樂等現實音樂生活為對象，多為宴飲

〔註38〕　孫貴珠：〈唐代音樂詩研究〉，頁 70、169。
〔註39〕　本表音樂詩之統計參照孫貴珠：〈唐代音樂詩研究〉，頁 51。

場合助興或寄情工具。〔註40〕音樂詩的內容除了傳統音樂外，更青睞異於中原之新曲、新器、舞蹈等。

以樂器賦與樂器詩言之，音樂賦除了〈琵琶賦〉、〈笙賦〉、〈洪鐘賦〉、〈匏賦〉、〈壎賦〉、〈洞簫賦〉、〈笛賦〉、〈箜篌賦〉、〈玉磬賦〉、〈鼓吹賦〉等吟詠樂器的作品外，更多如〈笛聲似龍吟賦〉、〈吹竹學鳳鳴賦〉、〈子擊磬賦〉、〈五色琴絃賦〉、〈風過簫賦〉、〈壎篪相須賦〉、〈笙磬同音賦〉、〈琴瑟合奏賦〉等具典故色彩的創作。而音樂詩中的樂器除了傳統樂器中之琴、瑟、笙、簫之外，教坊、梨園中所演奏的樂器在唐詩中幾乎都可尋到吟誦的芳蹤。舞曲、樂曲及歌亦如是。體物賦和體物詩之間藝術風格不同，賦對物的描寫比詩要詳盡得多，詩對情感抒情的表達較賦更豐富。

詩與賦之間，可以看到彼此同題，或者雖不同題但命題內容相若的作品，這種詩賦相通的現象在六朝很明顯，唐時期仍可見其餘緒。但畢竟音樂詩與音樂賦所關注的焦點不同，同題詩賦數量上並不算多，列表示之：

表 6-1-2 唐音樂同名賦詩

分類	《全唐賦》	《全唐詩》
雅樂	張復元〈太清宮觀紫極舞賦〉，卷28。 李絳〈太清宮觀紫極舞賦〉，卷34。	闕名〈郊廟歌辭·太清宮樂章·紫極舞〉，卷14。
	闕名〈開元字舞賦〉，卷60。	徐元鼎〈太常寺觀舞聖壽樂〉，卷781。
	李觀〈鈞天樂賦〉，卷25。 裴度〈鈞天樂賦〉，卷25。 陸復禮〈鈞天樂賦〉，卷26。	張說〈郊廟歌辭：享太廟樂章·鈞天舞〉，卷13。 張說〈享太廟樂章·鈞天舞〉，卷85。
典故	闕名〈兩階舞干羽賦〉，卷60。	石倚〈舞干羽兩階〉，卷781
	班肅〈笙磬同音賦〉，卷40。	闕名〈笙磬同音〉，卷787。
舞	沈亞之〈柘枝舞賦〉有序，卷41。 盧肇〈湖南觀雙柘枝舞賦〉，卷44。	闕名〈舞曲歌辭·柘枝詞〉，卷22。 薛能〈舞曲歌辭·柘枝詞三首〉，卷22。 劉禹錫〈觀柘枝舞二首〉，卷354。 白居易〈柘枝妓〉，卷446。 白居易〈柘枝詞〉，卷446。 章孝標〈柘枝〉，卷506。
	沈朗〈霓裳羽衣曲賦〉，卷42。 陳嘏〈霓裳羽衣曲賦〉，卷43。 闕名〈霓裳羽衣曲賦〉，卷60。	白居易〈霓裳羽衣歌〉，卷444。 鮑溶〈霓裳羽衣歌〉，卷485。 李肱〈省試霓裳羽衣曲〉，卷542。

〔註40〕 孫貴珠：〈唐代音樂詩研究〉，頁58。

舞馬	錢起〈千秋節勤政樓下觀舞馬賦〉，卷13。 闕名〈舞馬賦〉，卷60	張說〈雜曲歌辭・舞馬詞〉，卷28。 薛曜〈舞馬篇〉，卷80。 張說〈舞馬千秋萬歲樂府詞〉，卷87。 張說〈舞馬詞〉，卷89。 陸龜蒙〈開元雜題七首・舞馬〉，卷629。
樂器	薛收〈琵琶賦〉，卷1。 虞世南〈琵琶賦〉，卷1。	李世民〈琵琶〉，卷1。 白居易〈琵琶行並序〉，卷3。 李嶠〈琵琶〉，卷59。 董思恭〈詠琵琶〉，卷63。 元稹〈琵琶〉，卷415。 元稹〈琵琶歌〉，卷421。 白居易〈琵琶〉，卷442。 牛殳〈琵琶行〉，卷776。 闕名〈琵琶〉，卷785。
	闕名〈箜篌賦〉，卷60。	李賀〈相和歌辭・箜篌引〉，卷19。 李白〈雜歌謠辭・箜篌謠〉，卷29。 王昌齡〈箜篌引〉，卷141。 李白〈箜篌謠〉，卷162。 李賀〈箜篌引〉，卷393。 張祜〈箜篌〉，卷510。
	李百藥〈笙賦〉，卷1。	楊師道〈詠笙〉，卷34。 李嶠〈笙〉，卷59。 張祜〈笙〉，卷510。 羅鄴〈題笙〉，卷654。 楊希道〈詠笙〉，卷769。
	喬潭〈霜鐘賦〉有序，卷17。 謝良輔〈洪鐘賦〉，卷12。	戴叔倫〈聽霜鐘〉，卷273。 鄭絪〈寒夜聞霜鐘〉，卷318。 盧景亮〈寒夜聞霜鐘〉，卷473。 無名氏〈聽霜鐘〉，卷787。
	闕名〈笛賦〉，卷60。	劉孝孫〈詠笛〉，卷33。 宋之問〈詠笛〉，卷52。 李嶠〈笛〉，卷59。 張祜〈笛〉，卷510。 張喬〈笛〉，卷639。
	張曙〈擊甌賦〉有序，卷49。	溫庭筠〈郭處士擊甌歌〉，卷575。 張祜〈題擊甌樓〉，卷667。
樂部	李德裕〈鼓吹賦〉並序，卷37。	李白〈鼓吹入朝曲〉，卷164。 柳宗元〈唐鐃歌鼓吹曲十二篇〉，卷350。
歌	謝偃〈聽歌賦〉，卷2。	武元衡〈聽歌〉，卷317。 武元衡〈聽歌〉，卷317。 白居易〈聽歌〉，卷457。 白居易〈聽歌六絕句〉，卷458。

		李涉〈聽歌〉，卷 477。 張祐〈聽歌二首〉，卷 511。 劉得仁〈聽歌〉，卷 544。
	閻伯璵〈歌賦〉並序，卷 14。 徐寅〈歌賦〉，卷 50。	李嶠〈歌〉，卷 59 卷。 陸羽〈歌〉，卷 308 卷。 張祐〈歌〉，卷 510 卷。 王貞白〈歌〉，卷 701。 白衫舉子〈歌〉，卷 784。 婺州山中人〈歌〉，卷 784。 元寂〈歌〉，卷 825。 蜀酒閣道人〈歌〉，卷 862。 戚逍遙〈歌〉，卷 863。 吳彩鸞〈歌〉，卷 863。 病狂人〈歌〉，卷 868。
理論	張德昇〈聲賦〉，卷 54。	韋應物〈詠聲〉，卷 193。 崔塗〈聲〉，卷 679。

　　由於詩與賦關注焦點不同，同名詩賦幾乎以歌舞、樂器為主。如唐代詠「歌」或「聽歌」之詩百首以上，為我們留下歌唱家李龜年、念奴、何滿子、御史娘、田順郎、米嘉榮、何戡、金五雲、孟才人、楊瓊等人珍貴的資料，從中可以看到唐代歌唱藝術高度發達的水準。例如王貞白的〈歌〉云：

> 誰唱〈關西曲〉，寂寞夜景深。一聲長在耳，萬恨重經心。調古清風
> 起，曲終涼月沉。卻應筵上客，未必是知音。〔註41〕

有曲名，有意境，有風格。美好的歌聲，似在耳邊縈繞；深刻的演唱，總能體驗情感，令人難忘。相較於「歌」或「聽歌」之賦，例如謝偃〈聽歌賦〉及閻伯璵〈歌賦〉中，在篇幅內容上，對於歌者的神韻裝扮等，似乎進行了比詩更細緻的描繪。但從閻伯璵〈歌賦〉序言云：「〈虞書〉詩言志，律和聲。察乎歌以形言，聲以導律」，便可了解〈歌賦〉描繪的不是當代「歌」藝術。所以人物上並無描繪唐代的音樂家，寫的是「趙女」、「齊倡」或是「荊王」、「楚妃」；曲子提及的是〈幽蘭〉、〈激楚〉，或是〈滄浪〉、〈白雲〉、〈綠水〉等；形容歌聲沿用「聽乎纍纍，若貫珠之為墜」等典語，最終仍不免俗的加以歌功頌德。聽歌的君主能說出「夫樂者，所以通神明，節情欲。和天地，調風俗。觀往代之遺風，覽前賢之軌躅。莫不治亂斯在，興亡攸屬。是故聖人以為深誡，君子以之自勗」，充滿治世抱負理想的言詞。又如徐寅〈歌賦〉，更是全篇以宋玉言「歌」，說明「樂以象其聲，歌以陳其事。樂也者，六律不

得不正；歌也者，五音不得不備」之儒家音樂觀點。

　　樂器詩與賦也類似，以琵琶為例，唐代琵琶詩約三十首，唐太宗曾為琵琶寫了一首詠詩，這對推動琵琶藝術發展有重要作用。此外，元稹〈琵琶歌〉與白居易〈琵琶行〉並稱。〈琵琶行〉專業、細緻的描寫琵琶女之演奏技法、情態與琵琶之聲情表現，這與白居易具有深厚的音樂素養，及對樂曲內含有深刻的體驗有關。元稹的〈琵琶歌〉云：

> 琵琶宮調八十一，旋宮三調彈不出。玄宗偏許賀懷智，段師此藝還相匹。自後流傳指撥衰，昆侖善才徒爾為。……曲名〈無限〉知者鮮，〈霓裳羽衣〉偏宛轉。〈涼州〉大徧最豪嘈，〈六么〉散序多籠撚。……〔註42〕

在讚嘆管兒技藝的同時，亦敘述玄宗時期琵琶藝術發展之概況，具史料價值。對唐當代琵琶流行的樂曲，琵琶名家的描繪，或是對後人研究唐社會音樂與宗教的關係，頗有意義。詩人根據演奏的深入感受，用富於音樂特色的語言，精煉地評價音樂藝術，情感真實而生動。

　　唐代〈琵琶賦〉僅兩篇，為太宗時任官之薛收及虞世南所作。內容承襲六朝詠樂器賦的特點，如虞世南〈琵琶賦〉敘述樂器製作原因、材料來源，並以較長篇幅及典故、比喻手法來描述演奏的聲音特點，情境綺麗、詞藻奇豔。除了欣賞作者對用字遣詞華美的功力外，跳脫不出六朝音樂賦書寫的框架。

　　當然，亦有部分音樂詩沿襲、套用前人之語，摭拾音樂典故以成篇。如石倚〈舞干羽兩階〉詩、應試之作闕名〈笙磬同音〉詩，其與同題賦作如平冽〈兩階舞干羽賦〉、班肅〈笙磬同音賦〉，於內涵上便無很大的差異。又如幾篇以「笙」為詩題的作品，楊師道〈詠笙〉之「插鳳翼」、「楚妃歡」、「荊王吟」；李嶠〈笙〉「懸匏曲沃」、「孤篠汶陽」、「蹌蹌鳥獸」；羅鄴〈題笙〉中「鳳翅」、「龍吟」、「新聲鄭衛」〔註43〕等，僅以典故表示象徵性意象符號，

〔註42〕《全唐詩》，卷421，頁4629。

〔註43〕楊師道〈詠笙〉：「短長插鳳翼，洪細摹鸞音。能令楚妃歡，復使荊王吟。」李嶠〈笙〉：「懸匏曲沃上，孤篠汶陽隈。形寫歌鸞翼，聲隨舞鳳哀。歡娛分北里，純孝即南陔。今日虞音奏，蹌蹌鳥獸來。」羅鄴〈題笙〉：「筠管參差排鳳翅，月堂淒切勝龍吟。最宜輕動纖纖玉，醉送當觀灩灩金。緱嶺獨能微妙曲，嬴臺相共吹清音。好將宮徵陪歌扇，莫遣新聲鄭衛侵。」《全唐詩》，卷34、59、654。

較不具感染力。相對於李百藥〈笙賦〉，雖其用語浮艷，頗染六朝宮體氣息，也承襲六朝音樂賦的書寫程式，但全賦對笙的生動描寫，表現作者對美妙音樂之感人心志、怡悅情性的深刻認識，並寫出大唐音樂繁盛、歌舞姿容的歡樂氣息。

此外，例如溫庭筠〈郭處士擊甌歌〉詠「甌」：

> 佶栗金虯石潭古，勺陂激灩幽修語。湘君寶馬上神雲，碎佩叢鈴滿煙雨。吾聞三十六宮花離離，軟風吹春星斗稀。玉晨冷磬破昏夢，天露未幹香著衣。蘭釵委墜垂雲髮，小響丁當逐迴雪。晴碧煙滋重疊山，羅屏半掩桃花月。太平天子駐雲車，龍鑪勃鬱雙蟠拏。宮中近臣抱扇立，侍女低鬟落翠花。亂珠觸續正跳蕩，傾頭不覺金烏斜。我亦為君長歎息，緘情遠寄愁無色。莫霑香夢綠楊絲。千里春風正無力。〔註44〕

詩人描寫的是郭處士於宮廷演奏之情形，可能受到晚唐詩風唯美、豔麗之影響，未能掌握詩旨。而詩境綺麗、詞藻奇豔，雖於宮廷豪華氛圍、宮女美麗裝扮之外，亦見對「擊甌」之事的讚賞。但對於描寫這種特殊樂器，與甌聲相關者，僅有「勺陂激灩幽修語。湘君寶馬上神雲，碎佩叢鈴滿煙雨……亂珠觸續正跳蕩」等句，詩中無關宏旨之語過多，反賓為主之寫法，致使全詩失去重心，未能彰顯音樂詩之特質。〔註45〕而另一篇張禕〈題擊甌樓〉云：

> 駐旌元帥遺風在，擊缶高人逸興酣。水轉巴文清溜急，山連蒙岫翠光涵。〔註46〕

除讚美湖光山色外，亦將「缶」與「甌」等而言之。

張曙為晚唐賦家，作品〈擊甌賦〉並序，〔註47〕其藝術特點，除了以抒情筆調生動塑造甌的鮮明形象，渲染擊奏時的環境氣氛和擊奏者的動作神情外，對甌樂的擊奏技巧，運用多種手法，豐富多彩的從不同角度作了生動細緻的描寫。賦中對音樂聲調運用複雜多變的比喻手法，從抽象的聽覺，啟發對音樂具體的聯想。結尾也與一般賦作歌功頌德的手法不同，帶有對自己生不逢時的傷時感懷，與賦序前後呼應，可能受晚唐王朝急遽衰微影響。此賦

〔註44〕 《全唐詩》，卷575，頁6695。

〔註45〕 孫貴珠：〈唐代音樂詩研究〉，頁167。

〔註46〕 《全唐詩》，卷667，頁7633。

〔註47〕 《賦彙》、《集成》、《蜀中廣記》題作〈擊甌樓賦〉。《全唐賦》銘按：本篇所賦為擊甌，非賦此樓，而樓且因此賦而得名，故篇題不宜增「樓」字。

較前敘之擊「甌」詩，藝術價值較高。

　　又如〈霓裳羽衣〉樂舞詩，以白居易〈霓裳羽衣歌〉最為著名，描述了這樂舞在憲宗元和年間演出時的曲式結構和音樂表現。從白詩「自注」中得知，凡唐朝的法曲開始演奏時有個「引子」，只有器樂演奏。作品結構如「〈霓裳曲〉十二遍而終」，結尾時節奏再次放慢，終止時「長引一聲作結」。〔註48〕一般樂曲即將結束時，通常會催快，但〈霓裳羽衣〉卻是由極動而趨靜，〔註49〕形成了言有盡而意無窮的效果。

　　關於樂器方面，除磬、簫、箏、笛外，還有箜篌、笙、篳篥等。〔註50〕對於舞姿及服裝的描繪生動，舞者頭戴「步搖冠」，肩上披著輕柔艷麗如彩虹般的「霞帔」，穿色彩斑斕如虹的「虹裳」，配飾則是「鈿瓔纍纍佩珊珊」。〔註51〕

　　白居易〈霓裳羽衣歌〉除記述曲調的組成、節奏變化外，亦記錄了舞者、舞姿、舞容、服裝及表演形態等。從閱讀詩文中，想像美麗的古舞圖畫，建構〈霓裳〉舞蹈的資訊。

　　開成年間李肱〈省試霓裳羽衣曲〉為應試詩，針對玄宗時「梨園厭舊曲，玉座流新制」發揮，暗指玄宗沉浸於〈霓裳羽衣〉歌舞享樂而遭致禍患，動搖國本。同為開成年間貢舉試士的〈霓裳羽衣曲賦〉，存留下來的三篇賦作，尚能反應當代的音樂現象，藝術價值則略不及白居易之〈霓裳〉詩。例如，從賦中窺知，經過歲月流逝，〈霓裳羽衣〉已不完全同於開天時，但其神仙的主題、基調、結構還是被保留下來：

　　　　似到蓬萊之殿，見舞仙童；如昇太乙之宮，忽聞帝樂。（闕名〈霓裳
　　　　羽衣曲賦〉）

　　　　乃制神仙之妙響，……與鈞天之潛契，冀瑤池之可尋。（沈朗〈霓裳
　　　　羽衣曲賦〉）

〔註48〕　白居易〈霓裳羽衣歌〉云：「凡曲將畢，皆聲拍促速，唯〈霓裳〉之末，長引一聲也。」《全唐詩》，卷444，頁4971。以下引白居易〈霓裳羽衣歌〉皆同。

〔註49〕　《新唐書‧禮樂志》載：「曲十二遍，凡曲終必遽，唯〈霓裳羽衣曲〉將畢，引聲益緩。」〔宋〕歐陽脩、宋祁：《新唐書》，卷22，頁2。

〔註50〕　白居易〈霓裳羽衣歌〉云：「磬簫箏笛遞相攪，擊撤彈吹聲邐迤。……玲瓏箜篌謝好箏，陳寵篳篥沈平笙。」

〔註51〕　白居易〈霓裳羽衣歌〉云：「舞時寒食春風天，玉鉤欄下香案前。案前舞者顏如玉，不著人家俗衣服。虹裳霞帔步搖冠，鈿瓔纍纍佩珊珊。」

化叶無爲，制神仙之妙曲，……被以衣裳，盡法上清之物，……曲
含仙意，……淒清滿聽，無非沖穆之音。颯沓盈庭，盡是雲霄之
事，……既心將道合，乃樂與仙同。(陳嘏〈霓裳羽衣曲賦〉)

賦作中描繪文宗時期群舞形式的舞姿，顯示樂舞注重隊形的變化和道具安排
的特色。

　　一般而言，「音樂詩」以生活經驗及感知爲創作動機，主題較具體，對純
藝術的描寫較精確，對音樂的情感亦較深厚。「音樂賦」重經籍及典故的熟稔
度，主題較空泛，對純藝術的描寫較弱，對於情感的表達亦較少見。內容方
面，除了古詩之外，雖說詩短情長，但畢竟不易做完整描述。而音樂賦雖有
篇幅上的優勢，但於藝術領域觀之，對樂語描寫不夠精確，對音樂的描寫浮
泛、模糊，略欠佳作。

第二節　唐代音樂賦形式美感表現

　　音樂賦的創作，設定在對音樂及賦體文學的鑑賞，審美實踐分爲兩個向
度。其一，就文學而言，追求文字、內容、結構等之美；其二，就音樂而言，
追求音符、節奏、旋律等之美。〔註52〕因此，音樂賦中的美學表現，除了音
樂理論之抉發外，賦體文學所具備的創作程式及形式美學概念是音樂賦鑑賞
的重要部分。

　　唐音樂賦一百三十篇中，從賦體形式觀之，除薛收〈琵琶賦〉與楊師道
〈聽歌管賦〉應爲殘篇外，其他音樂賦作大致可分爲駢賦及律賦兩類。駢賦
方面，例如李百藥〈笙賦〉用語浮艷，不脫六朝餘習，主要描寫歌舞姿態。
謝偃〈觀舞〉、〈聽歌〉二賦，賦末奏雅，引出治世之道。李子卿〈功成作樂
賦〉旨在歌功頌德，李德裕〈鼓吹賦〉則抒發人生感懷。沈亞之〈柘枝舞賦〉
與盧肇〈湖南觀雙柘枝舞賦〉描寫舞蹈情景，內涵爲文治武功的展現或見證
文化交流，頌揚王威並謳歌盛世。賦體書寫形式之沿襲與變化，亦展現唐音
樂駢賦的形式美感特徵。

　　律賦方面，唐代以音樂爲主題的賦作多是源於科舉考試，主題取材自經
籍與典故，多與國家的政教思想有關，例如以音樂傳說故事、宗廟祭祀音樂

〔註52〕何美諭：〈魏晉樂律與樂賦音樂審美研究〉，頁100。

等等，來闡述帝王的德行。考官或朝廷於考試時要求內容文字典雅，意思莊重。〔註53〕文人習賦創作的作品，賦事說理或頌聖內容較多，文中多闡發聖賢的義理。除了賦篇呈現的文采華美與用詞用韻技巧，作者還可藉典故命題，展現對經籍的熟悉及對經義的發揮。

壹、唐音樂駢賦之藝術形式

《駢文史論》將駢文特徵歸結為「同樣結構詞句之兩兩並列」、「詞句講求對偶」、「音韻協調」、「用典使事」、「雕飾藻采」等，這些亦為駢賦之藝術特徵。〔註54〕入唐後，駢賦形式基本沿襲六朝體制，亦有一些新變。

一、唐代音樂駢賦的對偶

經由齊梁至唐，駢賦益加成熟。初唐時期，沿襲六朝風氣，重駢偶，駢賦句句皆對，罕見散句。初唐後期，陳子昂提倡「風骨」，反對綺靡，打破駢賦工麗的純粹性。李白、杜甫之後，「俳之蔓雖除，律之根故在」〔註55〕，出現亦駢亦散現象。中唐受古文運動影響，駢賦式微。晚唐隨古文運動衰弱，駢賦又起。

從對句的形式觀之，單句對有三字對，如「定八音，論六樂」（虞世南〈琵琶賦〉）、「巫雲斂，楚妃歎」（李百藥〈笙賦〉）、「咀清哇，揚〈激徵〉。金石奏，絲桐理」（謝偃〈觀舞賦〉）；四字對，如「戴曲履直，破觚成圓」（薛收〈琵琶賦〉）、「群工合奏，絃悲管清」（盧肇〈湖南觀雙柘枝舞賦〉）、「音懷律呂，韻合宮商」（張德昇〈聲賦〉）；五字對，如「節緩則顧遲，唱速則迴疾」（謝偃〈觀舞賦〉）、「道五常之行，移四海之風」（邵軫〈雲韶樂賦〉）、「必藉其手敏，亦假其心靜」（林慮山人〈鍾期聽伯牙鼓琴賦〉）；六字對，如「遏浮雲而散彩，揚白日以垂耀」（薛收〈琵琶賦〉）、「乘逸韻於伯牙，得遺音於師摯」（李子卿〈功成作樂賦〉）、「厭桑濮之遺音，感簫鼓之悲壯」（李德裕〈鼓吹賦〉）；七字對，如「金華徘徊而月照，玉柱的歷以星懸」（薛收〈琵琶賦〉）、「少年有長命之詞，倡女有可憐之調」（虞世南〈琵琶賦〉）、「始覺華樹鶯啼早，不悟雕梁燕來疾」（李百藥〈笙賦〉）；八字對，如「聽之者慮蕩而憂忘，

〔註53〕 太宗貞觀年間，王師旦言：「此輩誠有文章，然其體性輕薄，文章浮艷，必不成令器，臣若擢之，恐後生相效，有變陛下風雅。」見〔宋〕王溥：《唐會要》，卷76，頁1。
〔註54〕 姜書閣：《駢文史論》，（北京：人民文學出版社，1986年），頁7～13。
〔註55〕 〔元〕祝堯：《古賦辨體》，卷7，頁3。

聞之者意悅而情抒」（謝偓〈聽歌賦〉）、「納四夷之僬僥兜離，奏六代之翕純皦繹」（邵軫〈雲韶樂賦〉）；九字對，如「祇聞成連伯牙以傳曲，忽覿師文子春而移情」（王太貞〈鍾期聽琴賦〉）、「功成作樂兮帝力則那，樂正崇德兮雅頌則多」（李子卿〈功成作樂賦〉）、「列其容異薰蕕之共器，會其理若涇渭之通波。」（班肅〈笙磬同音賦〉）；十字對，如「犯令者涔爾宮而鬼爾族，亡酒者肉爾膾而血爾漿」（徐寅〈朱虛侯唱田歌賦〉）等。還有更長的如吳融〈戴逵破琴賦〉「不同乎鄒忌干齊將希高位，又異乎鍾儀懷楚歎寫幽襟」多達十一字。對句形式豐富多樣，但使用最多的仍為四言句及六言句。

隔句對有四四對，如「霓裳綵鬥，雲鬟花垂。清歌互舉，玉步徐移。」（邵軫〈雲韶樂賦〉）；四五對，如「伏於誠者，須藉於英傑；切於己者，莫先乎子孫。」（徐寅〈朱虛侯唱田歌賦〉）；四六對，如「鸞笙在目，疑髣髴於周王；鳳簫可吹，紛胮嚮於嬴女。」（達奚珣〈太常觀樂器賦〉）、「載清載濁，貫三才之合樂；若浮若沉，叶六律而揚音。」（班肅〈笙磬同音賦〉）；四七對，如：「清廟象功，則〈韶〉〈武〉播於金石；良辰歡宴，則鄭衛流於管絃。」（李百藥〈笙賦〉）；四八對，如「遠而聞也，謂群鶴和鳴於碧空。近而聽之，如廣樂調韻於春風。」（班肅〈笙磬同音賦〉）；五四對，如「應仲氏之篪，自諧琴瑟；雜伊耆之鼓，無相奪倫。」（鄭希稷〈塤賦〉）；六四對，如「如言行之相顧，成乎愔愔；冠鐘鼓之迭奏，樂彼欽欽。」（班肅〈笙磬同音賦〉）；六五對，如：「譬權衡之並用，謂相待而成；等葦絃之自節，則以同而異。」（班肅〈笙磬同音賦〉）；六六對，如「應清角之高節，發號鐘之雅調。處躁靜之中權，執疏密之機要。」（薛收〈琵琶賦〉）；七六對，如「跪閃舉以揮猶兮，拖旋襟之襜曳。鶩遊思於情杳兮，注橫波於穊睇。」（沈亞之〈柘枝舞賦〉）；三七對，如「屹而立，若雙鸞之窺石鏡；專而望，似孤雲之駐蓬萊。」（盧肇〈湖南觀雙柘枝舞賦〉）。較長的對偶如「遠而聞也，謂群鶴和鳴於碧空。近而聽之，如廣樂調韻於春風。」（班肅〈笙磬同音賦〉）、「遠而瞻，則金石絲竹雜之而殊狀；俯而察，則東西南北懸之而異方。」（敬括〈觀樂器賦〉）。此外，還有更長的長隔對運用，是難度較高的對偶技巧，例如張德昇〈聲賦〉：

> 則有思婦傷離，芳年屢換。織素寒早，調砧夜半。坦鳴鵙而初合，砌吟蛩而正亂。何此聲之可悲，使空閨之浩嘆。
>
> 況復金徽遠奏，玉律窮秋。陰風烈烈，邊樹修修。聽胡笳之互動，

> 看隴水之分流。何此聲之可怨，使征客之含愁。
>
> 亦有遁世無悶，閒居棲託。坐嘯竹林，忘形菌閣。憐宿鳥之喧藪，
> 愛飛泉而噴壑。何此聲之獨殊，使幽人之爲樂。

長隔對的靈活運用，使內容情感表達更如行雲流水，悠遊無礙，達到較高的藝術境界，呈現駢儷化的新貌。〔註56〕

　　唐代音樂駢賦短、長句交錯，四六句式的使用俯拾即是，相當普遍。而不同於四六言的藝術美感，如五七言的運用，在奇、偶數音節上的頓挫，使節奏自然緊湊。多樣化的對句發展，豐富唐代音樂駢賦的藝術形式。

二、唐代音樂駢賦的形式變化

　　唐代駢賦繼續六朝唯美化的追求，《賦話》云：「初唐人儷語尙帶沉鬱古拙之氣。」〔註57〕在「競一韻之奇，爭一字之巧」的同時，也注意到不使淪爲「遺理存異，尋虛逐微」的文字遊戲。〔註58〕形象鮮明，語言生動，風格清新，賦風轉變已露端倪。〔註59〕

　　《文心雕龍・詮賦》以「遂客主以首引，極聲貌以窮文」，這特徵也就成爲「別詩之原始，命賦之厥初」〔註60〕，「設辭問對」似乎是賦之必要條件。東漢以後，隨著口誦表演的式微，賦成爲案頭文學，於是設辭問對的形式漸趨式微。六朝，欣賞者閱讀書面文字，賦家仍有採「爲主客之分而爲對問之體，以曼衍其辭」者，乃藉古人代言。設辭問對的韻文形式，既是多元對話的美文，可以微露圭角暢所欲言，所以還是濡染到其他文類，拓展開來，使賦體雜文更見繁盛。〔註61〕

　　唐音樂賦中亦有運用散體賦主客對問的形式，以抒發議論。例如李百藥〈笙賦〉：

> 君曰：「懸匏出自西河，奇簳生於南國。山川載挺之異，班倕攄思之

〔註56〕陳成文：〈唐代古賦研究〉，頁 112。
〔註57〕〔清〕李調元：《賦話》，頁 5。
〔註58〕《隋書・李諤列傳》：「江左齊、梁，其弊彌甚，貴賤賢愚，唯務吟詠。遂復遺理存異，尋虛逐微，競一韻之奇，爭一字之巧。連篇累牘，不出月露之形，積案盈箱，唯是風雲之狀。」〔唐〕魏徵：《隋書》，卷 66，頁 769。
〔註59〕陳成文：〈唐代古賦研究〉，頁 124。
〔註60〕〔梁〕劉勰：《文心雕龍》，卷 2，頁 7。
〔註61〕簡宗梧：〈試論賦體設辭問對之進程〉，《第六屆國際辭賦學學術研討會》。收入許結主編，《中國賦學》，（南京：江蘇教育出版社，2007 年），頁 58～67。

德。固常人之所知，無假言於翰墨。至於曲引繁會之美，才人妖麗之則。實有動於余衷，庶陳辭而祛惑。覬傳芳於風雅，將永代於刊勒。」客曰：「唯唯。惟八音之遞作，總六律而相旋。徐疾短長之攸濟，寒暑風雷之所宣。清廟象功，則〈韶〉〈武〉播於金石；良辰歡宴，則鄭衛流於管絃。豈無求於變俗，將區分而在焉。」

又如何蠲〈漁父歌滄浪賦〉：

於是停橈而聞（問）曰：「人合娛情，子何喪志？況斯處也，水疊晴綠，山橫曉翠。曾無止足之心，似有關身之事。」乃言曰：「愚本楚人，家於楚地。嘗欲去奸黨，滌浮媚。殊不知世以昏兮道不行，我獨醒兮人皆醉。」漁父曰：「振佩鳴珂，其生若何！胡不釣雲林，掛煙羅。笑迷津而指道，逐鼓浪兮長歌。玉乃避席而起，請陳其志。曰：「臣聞樂以象其聲，歌以陳其事。樂也者，六律不得不正；歌也者，五音不得不備。……其為音也，不在乎玉管朱絲；其為歌也，不在乎燕娥趙姬。隔巴濮，採聲詩。樂府陶匏，自本黃鍾之律；姑蘇麋鹿，誰聽〈白苧〉之辭？」王曰：「斯賦之盛，珠輝玉映。可以發昏蒙，佐明聖。為前古之楷式，作後來之龜鏡。非寡人之所知，敢不承天之命。」

唐音樂賦運用對問形式並不多見，這些作品為唐代駢、散賦相互濡染下產生的形式。

騷體賦主要句式特徵是帶有語助詞「兮」的所謂「騷體句式」。〔註62〕唐駢賦中吸收騷體賦的句式，增加抒情效果。〔註63〕例如邵軫〈雲韶樂賦〉：

乾道兮下濟。湛恩兮汪濊。四三皇兮六五帝。于胥樂兮千萬歲。

騷體賦基本上為上下兩句構成，其對句並不刻意追求工整。唐賦騷、駢結合，打破駢賦的板滯，使賦文顯得清新生動。

賦末有「亂」或「訊」、「系」、「歌」、「重」等是騷體賦的特點之一，〔註64〕賦末亂詞與賦中繫詩是賦的詩化早期表現。亂詞大抵置於賦末，作為

〔註62〕趙成林：〈唐賦分體研究〉，頁107。

〔註63〕王學玲認為騷體賦應具備下列三項條件：一、「兮」字構句，在同一篇中，「兮」字大體規則地出現在各句的同一位置。二、在創作手法上運用大量比興暗碼，託諭以諷。三、抒發切身遭遇的「忠怨」之情。王學玲：〈漢代騷體賦研究〉，（桃園：中央大學碩士論文，1996年），頁6。

〔註64〕何沛雄認為騷體賦的特點有四：模擬和演化楚辭的句式；抒發憂國、傷時、

總結全篇大意，並抒發內心情感。〔註65〕例如喬潭〈霜鐘賦〉：

> 亂曰：風籟起兮喧長薄。霜鐘鳴兮動哀壑。合大塊兮聲無作。雖有
> 聞兮常寂寞。

承襲楚辭句式，保留騷體的「兮」字句，以騷體之抒情效果烘托全賦。七言句式的使用，音韻和諧，顯示出對創作模式創新的嘗試。

此外，賦末繫歌，加強渲染感情，流動情思。例如李子卿〈功成作樂賦〉：

> 歌曰：功成作樂兮帝力則那，樂正崇德兮雅頌則多。〈雲門〉之典兮
> 大呂之歌。金石節奏兮絲竹駢羅。天地已正兮神人以和，兩階舞羽
> 兮三邊止戈。擊壤鼓腹兮不識其他。客有獻成功之頌，九重深兮其
> 若何。

張曙〈擊甌賦〉：

> 余乃歌曰：江風起兮江樓春。千里萬里兮愁殺人。樓前芳草兮關山
> 道，江上孤帆兮楊柳津。

又如李百藥〈笙賦〉：

> 歌曰：新聲雖自知，舊寵會應移。無令棄下吹，變作一枯枝。

> 重歌曰：爲想雍門歎，當思執燭遊。不惜妾身難再得，方期君壽度
> 千秋。

賦末在「歌曰」之後又用「重歌曰」，前半部用五言四句，繫五言詩體，押平聲「支」韻，一韻到底，平仄協調；後半部兩句七言兩句五言，用雜言歌行體，隔句押韻。句式長短錯落有致，重覆詠嘆，表現「憤懣未盡，復陳詞也」，因事傷感，抒發不平，情感深入。又如徐寅〈朱虛侯唱田歌賦〉：

> 歌曰：舜之耕兮稷之植。廓民天而知稼穡。疎其苗而固其蒂，法於
> 家而象於國。

> 又曰：沮之耕兮溺之耘。灌粢盛兮除莠芬。抶蟊賊兮多稼穩，剪榛
> 蕪兮嘉穀分。取厥類兮去非類，諭於臣而象於君。

失意情懷；援用多種比喻；篇末有「亂」或「訊」、「系」、「歌」、「重」等。
何沛雄：〈略論漢代騷體賦和散體賦的特點〉，國立政治大學文學院編，《第三
屆國際辭賦學學術研討會論文集》，（臺北：國立政治大學，1996年），頁559
～581。
〔註65〕賦的「亂」源於《楚辭》，〈離騷〉中有「亂曰」，王逸注：「亂，理也，所以
發理詞指，總攝其行要也。」〔漢〕王逸章句：《楚辭》，卷1，頁20。

何蠋〈漁父歌滄浪賦〉：

> 歌曰：微風動兮百花塢，扣舷歸兮滿江雨。掛雲帆兮何足數，來濯
> 纓兮滄浪浦。

> 又曰：泛蓬艇兮戲鳧鷖，澄水鏡兮照虹霓。指塵路兮何足迷，來濯
> 纓兮滄浪溪。

七言詩體繫於賦中，詩化程度更深。靈活運用文類間的滲透，柔和詩、賦間
轉接互換，使賦產生新姿與活力。七言詩句的運用，除顯示作者的文學喜好
之外，也與唐代近體詩的發展有關。〔註66〕

　　唐駢賦作者對於創作觀念的自覺與時俱進，無論貴遊或不遇之文人，在
前代基礎上，開發駢賦新的思想內含。唐賦與詩歌、古文等文學主流相互激
盪，使賦家兼具詩、文、賦的文學修養，在靈活運用文類特長時，助於音樂
駢賦展現新的風貌。

　　駢賦最顯著的句式特徵一為對偶，一為四言句及六言句。〔註67〕唐駢賦
中的對偶，在齊梁基礎上，主要的新變是四六格對和五言、七言句的普遍使
用。聲韻方面，作者用心經營賦之平仄，押韻沿用六朝舊規，基本兩句一韻，
韻腳在雙數句句末。由於賦文一般篇幅較長，故往往需要換韻，而換韻之頻
度並無訂制。藻飾方面，擬人法、比喻法，修辭的運用使作品語言生動清新，
給讀者鮮活的藝術感染力。鍊字軆巧精緻，描摹刻畫為妙為俏。〔註68〕唐音
樂駢賦在形式上與其他主題之唐駢賦所依循的規律相同，對偶、聲韻、辭藻
運用技巧也都相似。

貳、唐代音樂律賦之體制

　　馬積高認為：「蓋律賦本從駢賦變出，其區別主要在於駢賦不限韻，律賦
則限韻；駢賦雖多偶句，一般只求大體整齊，律賦則基本上全是俳偶句，只
可稍有變化；駢賦起結較自由，律賦則開頭一般必須破題，承結亦多有恒式；
駢賦長短不齊，律賦一般限四百字左右。」〔註69〕唐代音樂律賦書寫時，形
式上具備律賦相似的要求。

〔註66〕陳成文：〈唐代古賦研究〉，頁125～137。
〔註67〕趙成林：〈唐賦分體研究〉，頁8。
〔註68〕趙成林：〈唐賦分體研究〉，頁34～46。
〔註69〕馬積高：《歷代辭賦研究史料概述》，（臺北：中華書局，2001年），頁102。

一、命題

律賦作品命題，一般皆冠冕堂皇，或論治道，或頌祥瑞，或歌功頌德，或述典制，或釋格言，或言性理，往往俱源於古代典籍。〔註70〕

題出諸經，例如闕名〈兩階舞干羽賦〉出於《尚書・皋陶謨》「帝乃誕敷文德，舞干羽于兩階」〔註71〕；闕名〈作樂崇德賦〉出於《易・象》「先王作樂崇德，殷薦之上帝，以配祖考」〔註72〕；張階及獨孤申叔同題之作〈審樂知政賦〉出於《禮記・樂記》「是故審聲以知音，審音以知樂，審樂以知政，而治道備矣」〔註73〕等。

題出諸史，例如薛勝〈孔子彈文王操賦〉出於《史記・孔子世家》「孔子學鼓琴師襄子……師蓋云〈文王操〉也」〔註74〕；李程〈刻桐爲魚扣石鼓賦〉出於《晉書・張華列傳》「可取蜀中桐材，刻爲魚形，扣之則鳴矣」〔註75〕等。

題出諸子，例如錢起、李子卿、石鎭、蔣至同題之作〈洞庭張樂賦〉出於《莊子・天運》「帝張咸池之樂於洞庭之野」〔註76〕；閻伯璵〈歌響遏行雲賦〉出於《列子・湯問》「餞於郊衢，撫節悲歌，聲振林木，響遏行雲」〔註77〕等。

題出集部，例如梁洽〈笛聲似龍吟賦〉出於南朝梁劉孝先〈詠竹詩〉「誰能製長笛，當爲作龍吟」〔註78〕；黃滔〈漢宮人誦洞簫賦賦〉爲詠王褒所作之〈洞簫賦〉等。

二、限韻

唐律賦體制最大的特點爲「限韻」，使作者在限定的條件下發揮才情文思，展現因難見巧的目的。

李日剛概括限韻的方式爲「韻腳限字，不外四式」，即「以題爲韻」、「以

〔註70〕　俞紀東：《漢唐賦淺說》，（上海：東方出版社，1999年），頁146。
〔註71〕　《尚書正義》卷4，頁58。
〔註72〕　《周易正義》，卷2，頁35。
〔註73〕　〈樂記〉，《禮記正義》，卷37，頁8。
〔註74〕　〔漢〕司馬遷：《史記》，卷47，頁14、15。
〔註75〕　〔唐〕房玄齡：《晉書》，卷36，頁515。
〔註76〕　〔晉〕郭象注：《莊子》，卷5，頁287。
〔註77〕　《列子》，卷5，頁92。
〔註78〕　逯欽立輯校：《先秦漢魏晉南北朝詩》，梁詩卷25，頁2066。

題中字爲韻」、「用成語爲韻」、「由試官自撰」。〔註79〕「以題爲韻」及「以題中字爲韻」是指限韻字從題目中得,「用成語爲韻」則指限韻字從典籍中來,而自撰之限韻字可能揭示賦作題旨,暗示作者構思方向。亦有限韻字與題意無關。而律賦押韻次序有依次用韻或不依限韻字次序之別。多數作品皆視立意布局之需靈活運用,庶得盡量減少羈絆,自由馳騁思路,提高賦作質量。〔註80〕

三、破題

律賦亦重視破題,浦銑云:「律賦最重破題」〔註81〕,李調元亦說:「唐人試賦極重破題。」又云:「作賦全在起首,須令冠冕涵蓋,出落明白。」〔註82〕錢大昕認爲:「唐人應詩賦,首兩句謂之破題。」〔註83〕作者希望起句匠心獨具,便能奪人,使讀者(尤其是主試者)留下深刻印象。破題的好壞,直接影響到律賦的優劣,也決定士子登第與否。

破題立意的技巧歸於一功,皆在「解題立意」。賦名簡短,當句即可交代清楚者,破題手法如余丙照所言:「其法開首二句,即將題字分點」〔註84〕,以起句數字,道盡賦題風華,引人注目。例如陳庶〈聞韶賦〉「〈韶〉則盡美,聽何可忘」、高郢〈獻凱樂賦〉「凱樂象功,曲成斯獻。」二句盡破。因對偶句式所拘,在題面尋求適當處嵌入,採取對句破題,例如夏方慶〈風過簫賦〉「風之過兮,一氣之作;簫之應也,眾音以殊」,選擇偶句,精工刻畫。黃滔〈漢宮人誦洞簫賦賦〉「王子淵兮誰與倫,〈洞簫賦〉兮清且新」,漢宮人指王褒,字子淵。或題面諸字散見於首韻各句,嵌入句多於二句以上,且不屬於同一組駢偶句式,例如楊逈〈舜歌南風賦〉「巍巍舜德,於今人稱。居北極而惟大,歌〈南風〉以敷弘」,以四句破盡題意。陸瓌〈垓下楚歌賦〉「昔漢兵未罷,師屯垓下。物格時變,威輕勢寡。兩雄較武,焉知劉氏昌乎;四面聞歌,是何楚人多也」,將賦體嵌入首韻數句。或如闕名〈開元字舞賦〉「禮以訓俗,樂以移風。粵我皇兮是崇。字以形言,舞以象德。肇開元兮是則」,賦題散入四、五、六句。

〔註79〕 李曰鋼:《辭賦流變史》,(臺北:文津出版社,1987年),頁181~183。
〔註80〕 趙成林:〈唐賦分體研究〉,頁91。
〔註81〕 〔清〕浦銑:《賦話六種·復小齋賦話》,(香港:三聯書店,1986年),頁52。
〔註82〕 〔清〕李調元:《賦話》,卷1,頁10;卷2,頁11。
〔註83〕 〔清〕錢大昕:《十駕齋養新錄》,(臺北:廣文,1968年),卷10,頁557。
〔註84〕 余丙照:《增註賦學入門》,(臺北:廣文,1979年),頁60。

　　對於長題破法常順題面所言，逐字點出，例如王起〈宣尼宅聞金石絲竹之聲賦〉「魯恭王益宮於孔氏，壞宅於闕里。聞金石絲竹之聲，有六律五音之美」，將題名截分數層，順著題面順序一一點出。王起〈鄒子吹律賦〉「鄒子處寒谷之陲，審至音之宜。能噓吸而律應，使嚴凝而氣移」，以「噓吸」代替「吹」字，用同義來破題。鄭方〈樂德教冑子賦〉「國有學，家有塾。播樂德之文采，率冑子以化育」，尋賦題脈絡點出「樂德」、「教育」、「冑子」。或將題面分成若干層次，不按順序嵌入，例如王棨〈秋夜七里灘聞漁歌賦〉「七里灘急，三秋夜清。泊桂棹於遙岸，聞漁歌之數聲」，先言「七里灘」急，再敘「秋夜」、「聞漁歌」，將題面分層，不按順序將賦題盡破。又如李彥芳〈樂德教冑子賦〉「王者垂訓導於門子，戒驕盈於代祿。厲師嚴以成教誨，敷樂德而宣化育」，先言「冑子」（門子），再言以「樂德」「化育」。或如張復元〈太清宮觀紫極舞賦〉「樂者所以諧萬國，舞者所以節八風。故玄宗致紫極之舞，朝太清之宮」，先言「紫極之舞」，再言「太清之宮」，破題方式較多變。

　　此外，抉出題面之題眼，〔註85〕破於賦題之關鍵字，例如闕名〈泗濱浮磬賦〉「禹別九州，磬浮泗水」題眼為「浮」字；白行簡〈舞中成八卦賦〉「卦惟體德，舞以象功」、錢眾仲〈舞中成八卦賦〉「舞者樂之容，卦者象之則」，動詞為「舞」字，而「卦」則是限定詞，大原則掌握題眼，選擇題面某字展開。

　　破題各有特色，並無絕對模式可循，端看賦家才華，優秀的破題，均是賦家匠心獨具的結果。

　　《文苑英華》四十一類題材中，每類皆有律賦，可見律賦題材之廣博。但從主旨內涵觀之，則作品集中於治道、歌頌、性理。馬積高認為：「律賦之所以受人詬病，一個主要原因是：它是唐代科舉制度的產物，現存唐律賦多是應試和準備應試之作，這自然很難產生好作品。」〔註86〕

　　「頌美教化」是律賦最重要的功能，唐音樂律賦中頌美君主宗廟之作占了多數。例如裴度現存〈鈞天樂賦〉、〈律中黃鐘賦〉、〈簫韶九成賦〉三篇音樂賦作品，皆歌功頌德之作。這些「廟堂文學」正大堂皇卻略顯單板，多談道理而缺乏情感，文學性因其過於正則而難以打動人心。

〔註85〕詹杭倫言：「題眼往往是題目中的動詞。」詹杭倫：《清代賦論研究》，（臺北：臺灣學生書局，2002 年），頁 270。
〔註86〕馬積高：《賦史》，頁 361。

晚唐開始出現雋永作品，馬積高說：「唐末律賦，有的已經擺脫科舉功令的約束，變成了抒情小賦的一體，更產生了一些好作品。」〔註 87〕例如王棨〈秋夜七里灘聞漁歌賦〉，是律賦中較特別的作品。一般律賦多儒家敦厚教化，不敢忘情天下國家之責。〈秋夜七里灘聞漁歌賦〉無歌功頌德之旨，沉浸於自然而忘卻廟堂，瀟灑飄逸，美不勝收。

總之，律賦的特徵主要在形式藝術上，內容大多以敘事、說理為主，寫景、抒情的比重較少，文學性較弱。唐音樂律賦在形式上與其他唐律賦所依循的規律相同，聲韻、破題等寫作技巧、字數規範原則也都相似。

表 6-2-1　唐代音樂律賦命題出處

作　者	作　品	限　韻	出　　處	原　　文	類別
梁洽	笛聲似龍吟賦	聲之相類有如此者	南朝梁劉孝先〈詠竹詩〉	誰能製長笛，當為作龍吟。	集
張隨	無絃琴賦	舜歌南風待絃後發	《晉書‧陶潛傳》	性不解音，而蓄素琴一張，絃徽不具，每朋酒之會，則撫而和之曰：「但識琴中趣，何勞絃上聲。」	史
錢起	千秋節勤政樓下觀舞馬賦	態有餘妍貌無停趣	時事	紀錄於《明皇雜錄》補遺：「馬舞於榻上。……每千秋節，命舞於勤政樓下。」	子
錢起 李子卿 石鎮 蔣至	洞庭張樂賦	八音克諧天地充滿	《莊子‧天運》	帝張咸池之樂於洞庭之野。	子
張階	無聲樂賦	區宇輯寧時要	《莊子‧知北游》	視之無形，聽之無聲。	子
潘炎	君臣相遇樂賦	聖作物睹聞〈韶〉喪味	《貞觀政要》	「唯君臣相遇，有同魚水，則海內可安也。」「君臣相遇，自古為難。以石投水，千載一合，以水投石，無時不有。」	史
呂牧	子擊磬賦	敬明爾志人將辨之	《論語‧憲問》	子擊磬於衛。有荷蕢者而過孔氏之門者，曰：「有心哉！擊磬乎！」	經

〔註 87〕馬積高：《賦史》，頁 361。

高郢	獻凱樂賦	獻茲大功陳樂于祖	《周禮‧春官‧宗伯》	王師大獻，則令奏愷樂。	經
高郢	吳公子聽樂賦	四聲爲韻	《左傳‧襄公二十九年》	吳公子札來聘……請觀於周樂。	經
陸贄	冬至日陪位聽太和樂賦	文德光宅天敬萬壽	時事	紀錄於《舊唐書‧德宗紀下》：「（貞元六年）十一月庚午，日南至，上親祀昊天上帝於郊丘。」《舊唐書‧音樂三》：「冬至祀昊天於圓丘樂章八首。」	史
周存	太常新復樂懸冬至日薦之圜丘賦	題中字爲韻	《周禮‧春官》	冬日至，於地上之圜丘奏之。	經
仲子陵	五色琴絃賦	宮商角徵羽文武	《禮記‧樂記》	昔者舜作五弦之琴以歌南風。	經
羅讓 劉積中 徐至 鄭方 杜周士	樂德教冑子賦	育材訓人之本	《周禮‧春官‧大司樂》	以樂德教國子中、和、祇、庸、孝、友。	經
李觀 陸復禮 裴度	鈞天樂賦	上天無聲昭錫有道	《列子‧周穆王》	王實以爲清都紫微，鈞天廣樂，帝之所居。	子
張友正	律移寒古賦	至人感音能變生植	《列子‧湯問》	鄒衍之吹律。	子
裴度	律中黃鐘賦	聖人有以見天地之賾	《晉書‧律歷志》	律中黃鐘，律之始也，長九寸。	史
裴度	簫韶九成賦	曲終九成百獸皆舞	《尚書‧皐陶模》	簫韶九成，鳳凰來儀。	經
張復元 李絳	太清宮觀紫極舞賦	大樂與天地同和	時事	紀錄於《唐會要》：「太清宮薦獻聖祖玄元皇帝奏〈混成紫極之舞〉。」	史
歐陽詹	律和聲賦	見象聲律以和萬方	《尚書‧堯典》	詩言志，歌永言，聲依永，律和聲，八音克諧，無相奪倫，神人以和。	經
范傳正 夏方慶	風過簫賦	無爲斯化有感潛應	《淮南子‧齊俗》	若風之過簫也，忽然感之，可以清濁應矣。	子
呂溫 獨孤申叔	樂理心賦	易直子諒油然而生	《禮記‧樂記》	致樂以治心，則易直子諒之心，油然生矣。	經

獨孤申叔	審樂知政賦	同彼吳札觀樂於魯	《禮記・樂記》	是故審聲以知音，審音以知樂，審樂以知政，而治道備矣。	經
薛勝	孔子彈文王操賦	審音知人前後一揆	《史記・孔子世家》	孔子學鼓琴師襄子……師蓋云文王操也。	史
呂溫	樂出虛賦	聲從響際出自虛中	《莊子・齊物論》	樂出虛、蒸成菌。日夜相代乎前而莫知其所萌。	子
呂溫	齊人歸女樂賦	以題為韻	《論語・微子》	齊人歸女樂，季桓子受之，三日不朝，孔子行。	經
李程	太常釋奠觀古樂賦	聲淫及商武亂偕坐	《晉書・志第十一》	魏正史中，齊王每講經遍，輒使太常釋奠先聖先師於辟雍。	史
李程	大合樂賦	王者之政備于樂聲	《周禮・春官・宗伯》	以六律、六同、五聲、八音、六舞大合樂，以至鬼神示，以和邦國。	經
李程	匏賦	五音克諧	《周禮・春官・宗伯》	皆播之以八音：金、石、土、革、絲、木、匏、竹。	經
李程	鼓鐘于宮賦	喻以鼓鐘自中形外	《詩・小雅・白華》	鼓鐘於宮，聲聞於外。	經
許康佐王起	宣尼宅聞金石絲竹之聲賦	聖德千祀發於五音	《漢書・景十三王傳》	恭王初好治宮室，壞孔子舊宅以廣其宮，聞鐘磬琴瑟之聲，遂不敢復壞。	史
許堯佐	壎篪相須賦	樂和同聲然後致理	《詩・小雅・何人斯》	伯氏吹壎，仲氏吹篪。	經
王起	律呂相生賦	予欲聞六律五聲	《儀禮・鄉射禮》	律呂相生者。	經
王起	鄒子吹律賦	吹律洞微寒谷生黍	《列子・湯問》	鄒衍之吹律。	子
王起	焦桐入聽賦	泠然雅音至聽方識	《後漢書・蔡邕列傳》	故時人名曰焦尾琴焉。	史
元稹	奉制試樂為御賦	和樂行道之本	時事		
元稹 李紳 趙蕃 劉隲	善歌如貫珠賦	聲氣圓直有如貫珠	《禮記・樂記》	歌者上如抗，下如隊，曲如折，止如槀木；倨中矩，句中鉤，纍纍乎端如貫珠。	經
白行簡 錢眾仲 張存則	舞中成八卦賦	中和所製盛德斯陳	時事	紀錄於《唐會要》：「貞元十四年，德宗以中和節自製中和舞，舞中成八卦。」	史

劉公興	太常觀四夷樂賦	澤被遠夷入附聲頌	時事		
陸瓖	垓下楚歌賦	漢師清歌遂統天下	《史記‧項羽紀》	項王兵壁垓下，兵少食盡，漢軍及諸侯兵圍了數重，夜間漢軍四面皆楚歌。	史
沈朗陳嘏闕名	霓裳羽衣曲賦	任用韻	時事	紀錄於《碧雞漫志》：「文宗時……製〈雲韶〉雅樂及〈霓裳羽衣曲〉。」	集
楊發	大音希聲賦	希則能大物理之常	《老子》	大音希聲，大象無形。	子
王棨	秋夜七里灘聞漁歌賦	明月白露光陰往來	時事		
王棨	黃鐘宮爲律本賦	究極中和是爲天統	《呂氏春秋‧古樂》	黃鐘之宮，律之本也。	子
陳庶	聞韶賦	宣父在齊三月忘味	《論語‧述而》	子在齊聞韶，三月不知肉味。	經
鄭濆	吹笛樓賦	時平故事有吹笛樓			
黃滔	漢宮人誦洞簫賦賦	清韻獨新宮娥諷誦	王褒所作之〈洞簫賦〉		集
黃滔	戴安道碎琴賦	徒候徽響致聚深情	《晉書‧隱逸傳》	碎琴不爲王門伶。	史
徐寅	歌賦	民信命事聲辭有傷	宋玉所作之〈高唐賦〉		集
楊迺	舜歌南風賦	能感和樂生殖群物	《禮記‧樂記》	昔者舜作五弦之琴以歌南風。	經
闕名	黃鐘管賦	一陽既生三元克序	《宋史‧律歷志》	以一黍之廣而度之，得黃鐘管九十分之一，因以起度。	史
闕名	律呂相召賦	聲氣相叶如響之應	《儀禮‧鄉射禮》	律呂相生者。	經
闕名	葭灰應律賦	四時運行應候不差	《隋書‧律歷志》	人往驗管而飛灰已應。每月所候，皆無爽。	史
闕名	刜鐘無聲賦	利刃無滯合神爲用	《說苑》	干將莫邪刜鐘不爭。	子
闕名	作樂崇德賦	王者順動殷薦趨時	《易‧豫卦‧象辭》	先王作樂崇德，殷薦之上帝，以配祖考。	經
闕名	審樂知政賦	善聽其樂能識於政	《禮記‧樂記》	是故審聲以知音，審音以知樂，審樂以知政，而治道備矣。	經

闕名	吳公子聽樂觀風賦	自鄶已下無聞焉	《左傳·襄公二十九年》	吳公子札來聘……請觀於周樂。	經
闕名	兩階舞干羽賦	皇風廣被夷夏謐清	《尚書·皋陶謨》	帝乃誕敷文德,舞干羽於兩階。	經
闕名	開元字舞賦	全德崇文通節聲色	時事	紀錄於《舊唐書》:「若聖壽樂,則迴身換衣,作字如畫。」	史
闕名	國子舞賦	持羽後見形貌雍雅	《周禮·地官·師氏》	以三德教國子。	經
闕名	鸜鵒舞賦	屈伸俯仰傍若無人	《晉書·謝尚傳》	聞君能作鴝鵒舞,一坐傾想,寧有此理不?	史
闕名	刻桐爲魚扣石鼓賦	感通難測萬里相符	《晉書·張華列傳》	可取蜀中桐材,刻爲魚形,扣之則鳴矣。	史
闕名	泗濱浮磬賦	水中見石可以爲磬	《尚書·禹貢》	泗濱浮磬。	經
闕名	泗濱浮磬賦	美石見質琢之成器	《尚書·禹貢》	泗濱浮磬。	經
闕名	箜篌賦	奇弄已闋	《史記·孝武本紀》	始用樂舞,益召歌兒,作二十五弦及箜篌瑟自此起。	史
闕名	洞簫賦	平上去入			
闕名	舞馬賦	奏之天庭	時事	紀錄於《明皇雜錄》:「元宗嘗命教舞馬四百蹄。」	子

參、唐代音樂賦之用典

用典,又稱爲「用事」、「事類」,《文心雕龍·事類》云:「經典沉深,載籍浩汗,實群言之奧區,而才思之神皋也。」〔註88〕運用典故以入詩文,是古典文學常用之修辭手法之一,其主要目的爲即物托興、借古喻今,爲寫作提供材料,協助作者寄託情志,並豐富思想情感。是想使文章更含蓄、婉轉、精鍊、典雅。因此「楊班以下,莫不取資,任力耕耨,縱意漁獵,操刀能割,必裂膏腴。」〔註89〕能夠用典,必須博學;善於用典,則講究自然妥貼。〔註90〕

用典有其功用,黃永武《字句鍛鍊法》謂「凡綜採經史舊籍中的前言往

〔註88〕 〔梁〕劉勰:《文心雕龍》,卷8,頁6。
〔註89〕 〔梁〕劉勰:《文心雕龍》,卷8,頁5~6。
〔註90〕 俞紀東:《漢唐賦淺說》,頁118。

行，都叫『用典』。凡據事類義，來增加風趣的氣氛；或援古證今，來影射難言之事；或攟拾鴻采，來造成文章典雅的風格、華美的字面，都是『用典』的好處。」〔註91〕簡言之，用典可使立論有根據，方便比況和寄意，減少語詞之繁累，使文辭典雅，內涵豐富。於閱讀者而言，初看言簡意賅，再看意在言外，回味無窮。〔註92〕

以音樂為主題的作品，對於音樂典故的運用，為書寫上共同的特色。

一、以故實為題

中國古代音樂史上，曾有許多廣為流傳的奇聞逸事、傳說佳話，唐代音樂賦中有一類作品為鋪敘附會這類事或借題發揮而作的。

如高郢〈吳公子聽樂賦〉及闕名〈吳公子聽樂觀風賦〉，描寫記載於《左傳》季子至魯觀樂，評論德政的故事。引用此典故是說明音樂舞蹈是禮儀的一部分，是政治統治的輔助工具。以樂舞反映出「王者功成作樂」的心態及闡述「禮樂制度」嚴格的等級區別。

王起〈鄒子吹律賦〉引《列子‧湯問》「鄒衍之吹律」之故實。鄒子吹律，使春氣相感，洪纖入微，颼颼淒淒，夾鐘之律，解凍蚤來，溫風潛扇，闓溫燠，發亭育，田父欣其野沃。敘述鄒子吹律煖之，北地禾黍滋長一事之敘事賦。

王起〈焦桐入聽賦〉典出《後漢書‧蔡邕列傳》，所賦的是漢末蔡邕「識音」，聽桐木燃燒爆裂之聲而知其為良材，並以之製成名琴的傳說。首韻有「伊焦桐之逸韻，契伯喈之明心」之說，暗喻賢士待舉之心聞木槁之識，而得天假之桐，以之被絃可令鶴舞魚聽，但若不逢蔡伯喈賞試，誰又知其焦尾為珍，賦末有感嘆之意，「申於多識」以他物托寓己身所求。

張隨的〈無弦琴賦〉，是據陶淵明隱居彭澤「飲無量之酒，奏無弦之琴」的雅事而賦。陶淵明並非不解音律者，其安貧樂道，追求得意忘言境界。音樂成了溝通人與自然，體味人生真諦的媒介。於是「無絃琴」成了後代詩人讚美的對象。

王起〈宣尼宅聞金石絲竹之聲賦〉典出《漢書‧景十三王傳》〔註93〕，

〔註91〕黃永武：《字句鍛鍊法》，（臺北：洪範書店，2002年），頁100～106。

〔註92〕林恬慧：〈先唐樂器賦研究〉，頁163。

〔註93〕《漢書‧景十三王傳》：「恭王初好治宮室，壞孔子舊宅以廣其宮，聞鐘磬琴瑟之聲，遂不敢復壞，於其壁中得古文經傳。」〔漢〕班固：《前漢書》，卷53，頁4。

本賦謳歌孔子，假事為鑑，賦句多在「遐想乎返魯之年，追思乎在齊之月」之處著眼，有細膩玄妙之說，表現王起的想像力與觀察力，但仍有「非審以知政，非作以崇德」之諫，終究歸於崇禮褒聖。以孔子事為賦之基調，又寓諫議之句，後以頌聖為結。似詠史賦作，卻意有所指，寄託對於君主治道或個人性道的情感訴求。李調元《賦話》認為此賦「自成絕唱，若此等題，著一新異之語，便繆以千里矣。」為中唐律賦清雅典重的典範。

其他如王太貞〈鍾期聽琴賦〉、薛勝〈孔子彈文王操賦〉、呂溫〈齊人歸女樂賦〉、吳晃〈昭文不鼓琴賦〉、蔣防〈舜琴歌南風賦〉、陸瓌〈垓下楚歌賦〉、吳融〈戴逵破琴賦〉、黃滔〈戴安道碎琴賦〉、黃滔〈漢宮人誦洞簫賦賦〉、徐寅〈朱虛侯唱田歌賦〉、何蠲〈漁父歌滄浪賦〉、楊迺〈舜歌南風賦〉、林盧山人〈鍾期聽伯牙鼓琴賦〉等等，皆是以故實為題的賦作。此類作品並無對音樂之具體摹寫，亦無聆聽樂聲之各人情感。賦家引用故實未求體例精純，而是為了回應賦題，運用相關典故，藉題表達諫諷之情。其託物言志之意味更甚於音樂內涵之表達。這或與中唐之後政治局勢有關，歌頌古事傳說，將這尚古心理化成詠古作品。以賦句鋪陳的過程，將過去美好事蹟或偉大的人物呈現，作今古對比，加以曲諫。

二、引用成詞

引用成詞也是用典的一種，也是唐音樂賦常用的修辭技巧。如黃滔〈漢宮人誦洞簫賦賦〉以漢朝王褒所作〈洞簫賦〉深受天子喜愛，而宮人每日誦讀、詠唱於宮中一事為題。寫賦於漢宮之受重視，或與晚唐動蕩，賦家地位式微有關。文中所用典故多出自史書或詩賦，像：「紈扇之詩」乃指《樂府解題》所載班婕妤為帝寵愛，後見薄，退居東宮，遂作紈扇詩以抒情；「箜篌之引」是以朝鮮狂夫渡河，其妻止之不及，遂墜河而死，後人乃作此辭以記之；其他如：「十二瓊樓」出自《史記‧封禪書》，「雕龍」出自《史記‧孟子荀卿列傳》，「三十六宮」出自班固〈西都賦〉。李調元《賦話》言此賦「最多麗句，傳在人口」，又說：「按文江律賦美不勝收，此篇尤勝，句調之新異，字法之尖穎，開後人多少法門。」〔註94〕

又如達奚珣及呂指南同題之作〈太常觀樂器賦〉，同為詠樂器的作品。文中「動天地，感鬼神」仿《毛詩正義》序「感天地，動鬼神，莫近於詩。」〔註95〕

〔註94〕〔清〕李調元：《賦話》，卷4，頁3。
〔註95〕《毛詩正義》序，頁3。

及《禮記》「禮樂之極乎天而蟠乎地，行乎陰陽而通乎鬼神。」〔註96〕；「樹羽紛纚，崇牙剨牙」出自《詩·周頌·有瞽》「有瞽有瞽，在周之庭。設業設虡，崇牙樹羽」〔註97〕；「雷鼓靈鼉」出自《史記·李斯列傳》「建翠鳳之旗，樹靈鼉之鼓」〔註98〕；「羽蟲」「鱗蟲」出自《周禮》「凡六樂者，一變而致羽物……三變而致鱗物」〔註99〕；「瑟既稱趙，箏還號秦」從《史記·廉頗藺相如列傳》「秦王與趙王會飲，令趙王鼓瑟」〔註100〕、曹丕〈瑟調曲〉之「齊倡發東舞，秦箏奏西音」〔註101〕、謝朓〈三日侍華光殿曲水宴代人應詔〉詩「秦箏趙瑟，殷勤促柱」〔註102〕等，皆可循查線索。

　　寫作方式中，運用許多典故之詞，採用聖人故實給予道德化、神聖化，依循聖人之道來立說，來歌頌。在相似的文化背景下形成情感符號，強化讀者的既定意象，雖然並未呈現具體音響，卻藉以引發心理上的音樂情思，表徵的意義較多，個人的情感較少。

　　文學作品以創新為貴，唐音樂賦中，沿襲前人用語者不少，大都直接繼承古人文句，沒有變化，未能翻創新奇。畢竟，典故運用得當，的確可以加深內涵、豐富情思，亦得畫龍點睛、深化主題之妙用。反之，若「用典」只是「捃摭故實，翻騰舊句」，非但無從窺見文人之情性，亦可能淪為陳腔濫調之譏。部分作者在撰寫一篇詠物賦時，只有典故堆疊、歌功頌德、歸結於聖人之道，從作品中看不到個人內在情志，私人感懷及活用的典故，較難論及藝術成就。

肆、唐代音樂賦之譬喻手法

　　「譬喻」是一種「借彼喻此」的修辭法，其理論架構是建立在心理學「類化作用」利用舊經驗引起新經驗的基礎上。通常是以易知說明難知，以具體說明抽象。〔註103〕譬喻的類化作用還須建立在「感通」與聯想的基礎上，所

〔註96〕《禮記注疏》，卷37，頁672。
〔註97〕《毛詩正義》，卷19-3，頁731。
〔註98〕〔漢〕司馬遷：《史記》，卷87，頁4。
〔註99〕《周禮注疏》，卷22，頁341。
〔註100〕〔漢〕司馬遷：《史記》，卷81，頁4。
〔註101〕〔宋〕郭茂倩：《樂府詩集》，卷36，頁435。
〔註102〕逯欽立輯校：《先秦漢魏晉南北朝詩》，齊詩卷3，頁1423。
〔註103〕黃慶萱：《修辭學》，（臺北：三民書局，1975年），頁321。

謂「感通」，指的是「感覺經驗之間的相互溝通和轉化」。〔註104〕在音樂賦中，作者通過「感通」，將音樂或情感抽象的詮釋，以感覺相似的具體意象來描寫，往往更能凸顯內涵。音樂是非具象的時間藝術，對於「音樂的內容相對抽象、寬泛而朦朧」〔註105〕，不易以精確的文字描述音樂，運用各種比喻來描寫樂聲或形容聲情是常用的手法。

　　林恬慧認為馬融〈長笛賦〉中可歸納出「聽聲類形」與「論記其義，協比其象」兩大類譬喻手法，前者著重描寫音樂形象，後者著重寫個人內心體悟與直觀感受。〔註106〕此兩類亦可概括唐代音樂賦的譬喻內容。

一、聽聲類行

　　音樂主要通過樂音，作用於人們的聽覺。它的旋律和節奏經過聽覺被人們感知，激起相應的情緒，並在這種情緒支配下，產生對生活實踐和藝術實踐相關的聯想，從而在想像中展現出有關的現實圖景。〔註107〕聆賞音樂過程中，對旋律、力度、音色、節奏等音樂要素之感知，是音樂的基本涵養。音響感知的書寫，是音樂賦中常見之描繪手法。唐音樂賦中對於音樂音色的描述，直接做主觀的敘述，例如敬括〈觀樂器賦〉：

　　乃既埏埴，為之塤簴。……其氣混，其音吹。此土之器也。及夫汶
　　陽之篠入用，曲沃之匏見娛。爰裁爰截，為笙為竽。其氣散，其音
　　吁。此匏之器也。……。為鼗為路，是模是度。其氣勃，其音博。
　　此革之器也。……是鍊是斲，為琴為瑟。其氣清，其音密。此木之
　　器也。

但更多欣賞音樂和描寫音樂的作品，對於音樂的感受，常常用想像性的視覺或聽覺聯想來表現，借用比喻描寫音樂效果。例如唐音樂賦在描寫管樂器時，常可看到「參差」一詞，如：

　　度參差以儀鳳，響嘹亮之驚鴻。楊師道〈聽歌管賦〉

　　試一望分，見簫笳之差參。碧雲凝其正色，白日出其重陰。（闕名〈洞
　　簫賦〉）

〔註104〕金開誠：《文藝心理學術語詳解辭典》，（北京：北京大學出版社，1992年），
　　　　頁68。

〔註105〕龔妮麗：《音樂美學論鋼》，（北京：中國社會科學出版社，2002年），頁35。

〔註106〕林恬慧：〈先唐樂器賦研究〉，頁158。

〔註107〕徐昌洲、李嘉訓：《古典樂舞詩賞析》序，（合肥：黃山書社，1988年），頁6。

「參差」指排簫，﹝註108﹞由長短不等之鳴管排列而成。音樂賦中也常以龍吟、鳳鳴比喻笛聲、簫聲：

> 龍吟洛水兮韻如在，鳳去喬山兮君不留。（鄭瀆〈吹笛樓賦〉）

> 鄙羌笛之吟龍，輕秦樓之吹鳳。（闕名〈篪篴賦〉）

> 伐竹之貞，寫龍之吟。（闕名〈笛賦〉）

> 俾簫不獨舞鳳，瑟不獨躍鱗。（闕名〈笛賦〉）

> 棄園客之絲，彈爲鶴舞；辭羌人之竹，擫以龍吟。雖不擊而不考，或習習而愔愔。（蔣至〈洞庭張樂賦〉）

> 風從虎兮飄忽，簫象鳳兮參差。（范傳正〈風過簫賦〉）

以龍吟、鳳鳴形容簫、笛類木管樂器聲音響亮。﹝註109﹞李百藥〈笙賦〉亦以「鳳鳴」比喻笙樂：

> 婉婉鴻驚，喈喈鳳鳴。或萬殊而競響，乍孤囀而飛聲。（李百藥〈笙賦〉）

唐人認爲笙形象像鳳翼，﹝註110﹞從視覺至聽覺，產生概括性的音響聯想。

　　文學經常用自然界中禽獸的鳴聲比喻樂聲，雖禽獸的鳴聲與器樂聲不盡相同，用來形容人對音樂的音聲節奏的感受卻有具體化的效果。其形象亦有類似的功用：

> 初舞而魚躍龍騰，終曲而鶴翔鳳至。（李子卿〈功成作樂賦〉）

> 類卻略以鳳態，終宛轉而龍姿。（闕名〈舞馬賦〉）

> 始飂飂兮清越，終杳杳以逶迤。遠而聆之，初疑白虎方嘯；迫而察也，旋驚丹鳳來儀。（夏方慶〈風過簫賦〉）

配合音響的形容詞，音樂聲響效果便躍然紙上：

> 象乎鼉有逢逢之鼓，疑乎鳳有嘒嘒之聲。（梁洽〈笛聲似龍吟賦〉）

﹝註108﹞屈原〈九歌‧湘君〉：「吹參差兮誰思。」〔漢〕王逸：《楚辭》，卷2，頁4。又牛龍菲言排簫：「在先秦，又被稱爲『參差』」。牛龍菲：《敦煌壁畫樂史資料總錄與研究》，（蘭州：敦煌文藝出版社，1996年），頁358。

﹝註109﹞南朝梁詩人劉孝先的詩句「誰能制長笛，當爲吐龍吟」，以「笛聲」比喻「龍吟」，唐代詩人李白在〈宮中行樂辭〉中把簫比做「鳳」，有「笛奏龍吟水，簫鳴鳳下空」之說。

﹝註110﹞《樂府雜錄》：「笙者，女媧造也。仙人王子晉于緱氏山月下吹之。象鳳翼，亦名『參差』。」〔唐〕段安節：《樂府雜錄》，頁12。

何以鼓靈鼉之坎坎，撞猛簴之喈喈。(蔣至〈洞庭張樂賦〉)

管孤引以嘽嘽，鼓輕投而逄逄。(李德裕〈鼓吹賦〉)

固將嚶嚶以出谷，豈獨離離而生黍。(王起〈鄒子吹律賦〉)

砰砰礚礚，撞鐘擊鼓之相囂。舞之者僸僸而中節，歌之者洩洩而匪驕。(李觀〈鈞天樂賦〉)

由聽覺通於視覺，而後由視覺來表現聽覺。文學中也常以自然界的景物或聲響來描寫音樂。例如以自然之風、泉、花、月等，以有形說無形，借象以喻聲：

動角則寒谷花明，扣商則春林葉墜。(李子卿〈功成作樂賦〉)

寒月山空，蕭蕭遠風。有客靜聽，雙林之中。(李子卿〈夜聞山寺鐘賦〉)

塞雲谷而響絕，疏天籟而音逸。(呂溫〈樂出虛賦〉)

故過雲與迴雪，實內圖而外親。(呂溫〈齊人歸女樂賦〉)

音樂具有抽象性，以聲喻樂，以形喻樂，以人對景物故實的感受，透過聽覺、視覺想像，將其化成文字，創造具體的藝術形象。

　　賦家在聆賞音樂時，音樂的音色、旋律、節奏、強度、意境等特性，往往引發聽者種種聯想，所聯想的事物與音樂間有著相似點，而這些聯想事物進而豐富了審美感受。〔註111〕唐代文學作品中，唐詩較能將樂器演奏情形描寫得具體而精采，例如詩人白居易在長詩〈琵琶行〉，對當時的琵琶演奏中聲情藝術效果和演奏技法作有聲有色的描繪。唐音樂賦中描寫到演奏技法的作品闕如，例如闕名〈笛賦〉「美其窮不易規，管能有截。柔指斜據，丹脣上列。引氣內塡，流音外泄。更微迭盛，將聯復絕」勉強稱之。運用形象感知創作，可激發閱讀者對演奏效果的想像，但對於唱奏技法敘寫，往往偏於簡略。而此種創作模式，卻爲唐音樂賦作者所喜愛運用的手法。例如：

其始也，若伐木丁丁。響連青冥。喧禽萬族。聲應崖谷。其縱也，狠羊鬥角。奔兕相觸。轉石振於崩溪，燎野焚於寒竹。其終也，如風飇暫息，萬籟皆肅。天地齊而雷霆收，川波靜而魚龍伏。(李德裕〈鼓吹賦〉)

從音樂起始如伐木般厚實鏗鏘，漸漸的樂聲動盪起伏，如萬禽、如狠羊、如

〔註111〕林恬慧：〈先唐樂器賦研究〉，頁61。

奔兕，樂曲進入高潮，音響效果豐富澎湃，呈現強烈的氣勢。曲終時，從如同飄風、雷霆般極強的樂聲中收歸於平靜，描寫了音樂進行時豐富的表情內容。

樂曲進行時不同的音色力度，造就出樂音不同的層次，從遠而近，產生不同的聯想，例如：

> 遠而聞也，謂群鶴和鳴於碧空。近而聽之，如廣樂調韻於春風。鏗鏘間發，要妙無窮。類金蘭之堅芳，美而取媲；配文質之彬郁，和而且同。（班肅〈笙磬同音賦〉）

> 重門半掩，高宴將終。飄餘音於霄漢，過嬌韻於房櫳。遠而聽之，若遊鸞翔鶴，嘹唳飛空。近而察之，譬瓊枝玉樹，響亮從風。信絕俗之神解，何變態之無窮。（李百藥〈笙賦〉）

笙管長短不一，外形像鳳之翼，乍聞之聲若群鶴鳴空，作鳥聲的聯想。仔細聆聽則舒雅有致，有如玉樹春風。不同的聲音特質展現不同的情調。

賦家的比喻，喜與大自然為伍，多取於大自然中山、水、獸、鳥，表達出述家藝術手法的特徵，例如：

> 其繁會也，類春禽振響而流變；其微引也，若秋蟬輕吟而曳緒。似將絕而更連，疑欲止而復舉。短不可續，長不可去。延促合度，舒縱有所。聽之者慮蕩而憂忘，聞之者意悅而情抒。（謝偃〈聽歌賦〉）

> 遠而聆之，初疑白虎方嘯；迫而察也，旋驚丹鳳來儀。知化本之有眹，見天籟之在斯。……爾其斷續清空，蕭寥永夜。歷虛無而輕飀自遠，拂松竹而幽韻相借。（夏方慶〈風過簫賦〉）

> 始則含胡擁鬱，旋復充詘紆閒。若往若還，徘徊其間。爾其舒肆奔放，長齊遠暢。乍浮空以紆餘，更觸物而瀏亮。入林蕭蕭，在水湯湯。泛濫淺瀨，聯緜疏篁。夜鶴怨兮彌苦，寒猿悲兮更長。餘韻舂容，隨風悠揚。遠於洞庭，浮於瀟湘。梧楸紛以離披，蒹葭颯其蒼蒼。（喬潭〈霜鐘賦〉）

音樂欣賞的效果於音樂賦中看似精彩，有飛禽、有走獸、有蟲鳴、有魚龍；似澗泉、似花香、似風吟、似雷鳴，極盡視覺及聽覺之美感。

前人用以形容各種音樂的聲響，係就樂器之音質、樂曲之情感，撿擇適切相應之詞語來表達，但後來作家常沿用其語以入作品，或許詞語組合稍有變換，但詞意多相似。聞笛則「龍吟」、〈落梅〉，言簫則「鳳鳴」，言琴則「鍾

期」、「山水」，言琵琶則「昭君」，言歌聲則「纍纍貫珠」。以浮雲、柳絮在空中飄揚的情狀來比喻樂聲的輕柔悠揚；以雷鳴、虎嘯來形容樂聲的高昂激動。成爲寫作題材的固定要素，意謂著這些慣用語言已典故化、符號化。賦中多見「絲竹」、「管絃」等代稱，技巧方面則以「歌」、「吹」、「奏」統稱，內容則「宮商」「清濁」「清商」等泛稱，無從得知具體的表演情狀及細微的演奏技巧。

音樂是抽象的藝術，但其旋律、節奏、音色等特質卻是具體可感的。作者以具體感官描摹聆賞音樂的抽象意象，尋找相似的形象將感受轉換成文字，「聽聲類形」的譬喻手法在唐音樂賦中十分常見。

二、論記其義，協比其象

馬融所謂「論記其義，協比其象」，其「義」指音樂蘊含的義理，就音樂書寫來說，意指聆聽音樂而領悟其中哲理意涵，進而尋找相似的意象比附。〔註112〕先唐之音樂賦作家對於音樂種種形象極力表現，傳達所體悟的音樂意蘊與義理。唐代音樂賦作家則工於以作品寄託各人情志。

例如潘炎〈君臣相遇樂賦〉序云：「繼天者君也，戴天者臣也。下之事上，作股肱耳目；上之任下，敷心腹腎腸。甚矣哉！君之難，臣之不易也。」以樂比附君臣之理。從音樂的唱和過程，比附君臣相和，相輔相依，其樂融融。呂溫〈齊人歸女樂賦〉以齊人饋魯「瑰艷絕代，綺羅嬌春」之女樂，「將敗魯之政，弱齊之鄰」，而「魯君臣果不端操，迷不先覺。……荒笑語之啞啞，溺衣裳之楚楚。」導至「齊日以長，魯日以微」得到「鑒魯道之有蕩，放鄭衛而不歸。則可以得域中之大，致天下之肥者矣」的結論。以音樂闡釋君臣之道、統制之理，提醒在位者以之爲戒。許堯佐〈壎篪相須賦〉以「樂則既爾，臣亦宜然。壎之得篪，載期於有輔；臣之奉主，必致乎無偏。唱和之功備矣，獻替之道存焉。」藉壎篪相因助化比附君聖臣賢，各司其道。夏方慶〈風過簫賦〉「以由一人之化，爲而不有。萬物之心，以虛爲受。帝於何力，各自遂其生成；天且不言，乃能恆於悠久。」風簫相應感召，表達無爲斯化，有感潛應之理。「莊生託之以齊物，子綦由是而觀化。化之至矣，茲焉可知。風乃不私其用，簫亦自得其宜。元元立言事無事，我后垂拱爲無爲。」讚美盛主以無爲而有爲。

〔註112〕林恬慧：〈先唐樂器賦研究〉，頁 161。

此外，張仲素〈玉磬賦〉表達奏雅正之音的感慨，鄭錫〈長樂鐘賦〉寫自己羈旅愁懷，不同人聽鐘樂產生不同的感觸。喬潭〈霜鐘賦〉以南陽九鐘，霜降而鳴，其聲圓暢，用以表達士人對知音之求。張德昇〈聲賦〉通過不同聲音的形像描述來闡述抽象的音樂理論。

音樂「義理」的譬喻，是創作，也是鑑賞及批評，這種直觀感悟深層內省的詮釋，為唐音樂賦重要的審美形態。

第三節　唐代音樂賦之音樂書寫

音樂美學應以音樂審美經驗為中心去研究「音樂」和音樂的「美」，進而揭示音樂藝術如何按照人的音樂審美心理結構對人心所發生的特殊作用。〔註113〕因此，能客觀的鑑賞音樂，需要有高度的音樂素養。「偏向技藝」的鑑賞有助於深度體會音樂，較精準的理解樂曲創作者及演奏者的情感詮釋。〔註114〕音樂審美是一種體驗活動的形式，唐代音樂賦家中，不乏精通音樂者，能從自身經驗敘寫音樂。亦有部分賦家不盡然具備音樂素養，對於音樂領域的知識源於經籍，而以音樂領域的典範作為創作的依據。從音樂賦的文本中節錄，在音樂專有名詞知識領域部分，賦家如何選擇與運用？留下的文字是否表現出賦家在音樂審美經驗上的構想與描述，或者能客觀精準的呈現音樂藝術。

壹、以典範樂人為喻

有樂人的支持，音樂的歷史方能豐富與發展。樂人可能是地位階級高的領導者或樂官，能引領國家音樂發展方向；可能是純技藝表演的音樂藝人，傳播音樂的情感與技巧。各個時期的樂人，包括樂官、樂工、歌舞伎、文人音樂家等等，在唐音樂賦的文本中，作者賦予歷代樂人概括性的面貌。

一、遠古時期

這個時期的歷史以傳說為主，傳說中的人物有多少為後人附會，無法臆測。音樂賦中引用傳說中的人物，不在於史料考證，主要以古籍中所熟知的音樂人物，支持賦家文本音樂性的強度。

〔註113〕韓鍾恩：《音樂美學與審美》，（臺北：洪葉文化，2002 年），頁 178。
〔註114〕林恬慧：〈先唐樂器賦研究〉，頁 72。

唐音樂賦云：

> 聆黃帝之遺音，澹乎至察。（蔣至〈洞庭張樂賦〉）

> 黃帝之所聽瑩，伊代人疇敢以窺。（王太貞〈鍾期聽琴賦〉）

> 聆黃帝之遺音，澹乎至察。（蔣至〈洞庭張樂賦〉）

> 黃帝稽六氣，正三光。（闕名〈黃鐘管賦〉）

> 必使法軒轅之明，方今可也；（闕名〈律呂相召賦〉）

> 樸素遠符於軒氏，和樂方軼於周詩。（徐至〈樂德教胄子賦〉

> 洋洋乎軒轅之作也，陶玄化以發生，運神武之不殺。（錢起〈洞庭張樂賦〉）

> 軒轅以創業功成，故〈雲門〉砰磕。（李子卿〈功成作樂賦〉）

> 昔者黃帝度六律、和五音。（謝良輔〈洪鐘賦〉）

黃帝爲中國遠古神話人物，《史記・五帝本記》記載：「黃帝者，少典之子，姓公孫，名軒轅。……黃帝居軒轅之丘」。〔註115〕中國歷代皇帝多爲黃帝設廟祭陵等，來取得象徵的統治正當性，屬於中國宗族文化標誌性人物。黃帝當共主的時候，瞭解人民生活情況，命大臣負責不同的技術創造，深得人民的愛戴。例如伶倫和垂制音律及製造樂器磬和鐘，音樂進入人民生活。唐音樂賦云：

> 昔黃帝揆日，伶倫制律。將分天地之氣，以正陰陽之術。（梁洽〈吹竹學鳳鳴賦〉）

> 自得厚均，匪伶倫而莫究。（王榮〈黃鐘宮爲律本賦〉）

> 率伶倫之士，總鈞石之金。（謝良輔〈洪鐘賦〉）

> 命伶倫使調準，徵夔龍使典效。（敬括〈觀樂器賦〉）

> 頒命於伶倫之職，伐竹於嶰谷之鄉。（闕名〈黃鐘管賦〉）

> 如或繼伶倫之妙，何代無之。（闕名〈律呂相召賦〉）

> 宰匠於是董制，伶倫於是審聽。（闕名〈笛賦〉）

> 原夫制自伶倫，迹於嶰谷。（王起〈律呂相生賦〉）

〔註115〕〔漢〕司馬遷：《史記》，卷1，頁26～29。此外《史記・孝武本紀》記載：「黃帝且戰且學僊，患百姓非其道，乃斷斬非鬼神者。百餘歲然後得與神通。」〔漢〕司馬遷：《史記》，卷12，頁13。

昔黃帝揆日，伶倫制律。將分天地之氣，以正陰陽之術。（梁洽〈吹
竹學鳳鳴賦〉）

吹伶倫之律，惜彼時移；繼炎氏之頌，媿茲才短。（錢起〈洞庭張樂
賦〉）

相傳黃帝命令伶倫為樂官，制定樂律用竹管以「三分損益法」定下十二律，
並定基礎音為「黃鐘」。〔註116〕

　　傳說中的上古帝王，除黃帝外，更早的葛天氏其治世不言而信，不化而
行，是遠古社會理想化的政治領袖人物：

張葛天氏之樂，醉陶唐氏之酒。（錢起〈千秋節勤政樓下觀舞馬賦〉）

本乎朱襄，以至陶唐。（仲子陵〈五色琴絃賦〉）

昭炎氏之作頌，寓莊生之外篇。（蔣至〈洞庭張樂賦〉）

端拱協有虞陶唐，獻樂奏戎夷蠻貊。（劉公輿〈太常觀四夷樂賦〉）

〈大章〉彰之，已合陶唐之代；〈韶〉盡美矣，不惟有虞之日。（周
存〈太常新復樂懸冬至日薦之圜丘賦〉）

葛天氏，傳說中賢能的首領，被後人尊為樂神。勾畫先民進入農業生產階段
生活圖像的「葛天氏之樂」，為反映部落生產和生活方式的音樂。〔註117〕朱
襄，炎帝的別號，其「朱襄氏之樂」為具有歌、舞、樂互相結合的原始樂舞。
〔註118〕有虞氏，是中國古代舜帝部落名稱。陶唐，即唐堯，於《史記‧司馬
相如列傳》：「奏陶唐氏之舞，聽葛天氏之歌」〔註119〕，後指稱賢明的帝王。

〔註116〕　《呂氏春秋‧古樂》：「昔黃帝令伶倫作為律。伶倫自大夏之西，乃之阮隃之
　　　　　陰，取竹於嶰谿之谷，以生空竅厚鈞者、斷兩節間、其長三寸九分而吹之，
　　　　　以為黃鐘之宮，吹曰『舍少』。次制十二筒，以之阮隃之下，聽鳳皇之鳴，以
　　　　　別十二律。其雄鳴為六，雌鳴亦六，以比黃鐘之宮，適合。黃鐘之宮，皆可
　　　　　以生之，故曰黃鐘之宮，律呂之本。黃帝又命伶倫與榮將鑄十二鐘，以和五
　　　　　音，以施英韶，以仲春之月，乙卯之日，日在奎，始奏之，命之曰咸池。」
　　　　　呂不韋：《呂氏春秋》，卷5，頁8～9。
〔註117〕　《呂氏春秋‧古樂篇》說：「昔葛天氏之樂，三人操牛尾，投足以歌八闋。」
　　　　　記載了葛天氏的樂歌是一面歌唱，一面操著牛尾跳舞。呂不韋：《呂氏春秋》，
　　　　　卷5，頁8。
〔註118〕　《呂氏春秋‧古樂》：「昔古朱襄氏之治天下也，多風而陽氣畜積，萬物散解，
　　　　　果實不成，故士達作為五弦瑟，以來陰風，以定群生。」高誘注：「朱襄氏，
　　　　　古天子，炎帝之別號。」呂不韋：《呂氏春秋》，卷5，頁8。
〔註119〕　〔漢〕司馬遷：《史記》，卷117，頁23。

統制者的音樂作爲，帶領先民進入音樂的教化。樂官的部分，例如：

　　罷鏗鏘於師氏，識明命於后夔。（羅讓〈樂德教冑子賦〉）

　　伊在堯之既引，載得夔而斯見。（歐陽詹〈律和聲賦〉）

　　所以舜命伯，伯讓夔。（劉積中〈樂德教冑子賦〉）

　　昔后夔所以推其典樂，虞舜所以稱其聖人。（徐至〈樂德教冑子賦〉）

　　是用資於誨爾，亦無忝於命夔。（李程〈大和樂賦〉）

　　於是屏造父，命后夔。（元稹〈奉制試樂爲御賦〉）

　　修夔氏之韻樂，執眞元之左契。（蔣防〈舜琴歌南風賦〉）

　　命夔典事，大制宮懸。（李子卿〈功成作樂賦〉）

　　唯聖有作，闡教命夔。（呂牧〈子擊磬賦〉）

　　遠無攜而邇不逼，夔爲臣而堯爲君。（潘炎〈君臣相遇樂賦〉）

后夔，相傳爲舜掌樂之官。〔註120〕可視爲氏族首領任命樂官的肇始。

二、夏商周時期之樂人

　　周公制禮作樂，建立了西周封建社會的秩序。周朝設有「大司樂」掌管樂政及制定樂律，樂官掌律呂或教樂器、歌唱及樂舞。此時的音樂理論和音樂教育制度也已建立。王室與諸侯國統治者皆有享樂需求，出現許多樂人。例如魯國的師襄、晉國的師曠、衛國的師涓、鄭國的師文等，是各國之樂官，亦爲當代之音樂家：

　　師襄於是作而言曰：子聖人也，與文王而同規。（薛勝〈孔子彈文王操賦〉）

　　憑曾晳之所奏，與師襄而對撫。（謝觀〈琴瑟合奏賦〉）

師襄，春秋時魯國樂官，《史記・孔子世家》云：「孔子學鼓琴師襄子，十日不進。」〔註121〕

〔註120〕《呂氏春秋》：「魯哀公問於孔子曰：『樂正夔一足，信乎？』孔子曰：『昔者舜欲以樂傳教於天下，乃令重黎舉夔於草莽之中而進之，舜以爲樂正。夔於是正六律，和五聲，以通八風，而天下大服。重黎又欲益求人，舜曰：「夫樂，天地之精也，得失之節也，故唯聖人爲能和。樂之本也。夔能和之，以平天下。若夔者一而足矣。」故曰夔一足，非一足也。』」呂不韋：《呂氏春秋》，卷22，頁10。《韓非子・外儲》也有類似記載。

〔註121〕孔子師師襄的故事，又見《孔子家語》、《韓詩外傳》、《淮南子》。

見師襄之擊磬，聞瓠巴之鼓琴。（李程〈太常釋奠觀古樂賦〉）

及其瓠巴所彈，師文所學。（仲子陵〈五色琴絃賦〉）

冥合匪慙於郢匠，絕藝方超於瓠巴。（林廬山人〈鍾期聽伯牙鼓琴賦〉）

戰國時期，民間音樂活絡，出現許多著名的民間音樂家，瓠巴，善鼓瑟，
〔註122〕與當代樂官齊名。師文，春秋時鄭國樂官，善鼓琴。

呼韓美其寵錫，師曠加其撫弄。（闕名〈箜篌賦〉）

一則能清師曠之耳，一則能調園客之絲。（林廬山人〈鍾期聽伯牙鼓琴賦〉）

於是夔、襄愕眙，昭、曠咄咨。（王太貞〈鍾期聽琴賦〉）

使子野奪意，伶倫喪精。（李瓊〈樂九成賦〉）

克諧〈韶〉〈濩〉，惟子野以能知；（王榮〈黃鐘宮爲律本賦〉）

聽之以思，固不資於子野；作必在德，亦無俟於后夔。（呂溫〈樂理心賦〉）

師曠，字子野，春秋晉國樂師，善於辨音。〔註123〕在唐音樂賦中，師曠與伯
牙常相論之：

張伯牙之號鐘，含師曠之清角。（仲子陵〈五色琴絃賦〉）

於是師曠陳樂而立，伯牙注耳而聽。（闕名〈審樂知政賦〉）

足使夔、曠心沮，牙、期思絕。（高郢〈吳公子聽樂賦〉）

伯牙爲民間音樂家，擅長古琴演奏，視鍾子期爲知音〔註124〕：

伯牙絕絃，但證知音之道；（吳融〈戴逵破琴賦〉）

恨牙琴之不知，奚由瑟之自伐。（闕名〈箜篌賦〉）

乘逸韻於伯牙，得遺音於師摯。（李子卿〈功成作樂賦〉）

〔註122〕　《荀子・勸學篇》：「昔者瓠巴鼓瑟，而流魚出聽；伯牙鼓琴，而六馬仰秣。」
〔清〕王先謙《荀子集解》，卷1，頁117。《淮南子・說山》亦有類似記載。

〔註123〕　《孟子・離婁上》：「師曠之聰，不以六律，不能正五音。」《孟子注疏》，卷
7上，頁123。另《淮南子・氾論》、《左傳・襄公十八》、《國語・晉語》、《鹽
鐵論・刺復》皆紀錄師曠審音能力及高潔之志向。

〔註124〕　鍾子期，楚國境內當樵夫。《呂氏春秋・本味》：「伯牙鼓琴，鍾子期聽之。……
鍾子期死，伯牙破琴絕絃，終身不復鼓琴，以爲世無足復爲鼓琴者。」呂不
韋：《呂氏春秋》，卷14，頁4。

天贊厥德，惟伯牙與鍾期。（林慮山人〈鍾期聽伯牙鼓琴賦〉）

祇聞成連伯牙以傳曲，忽覩師文子春而移情。俟良知轉化，靡忒鍾
子期。（王太貞〈鍾期聽琴賦〉）

伯牙學鼓琴於成連先生。《樂府詩集》紀錄瓠巴、師文、師襄、成連、伯牙、
方子春、鐘子期，皆善鼓琴。〔註125〕這些琴家於唐音樂賦中均有提及。此
外：

鳳簫可吹，紛肸蠁於嬴女。（達奚珣〈太常觀樂器賦〉）

及乎弄玉既好，簫史亦出。（闕名〈洞簫賦〉）

「嬴女」係指秦穆公之女弄玉，簫史善吹簫，作鳳鳴，秦穆公以女弄玉妻之。
數年之後，二人便乘鳳凰升天而去。〔註126〕此傳說點染仙靈之氣，富浪漫色
彩，故文人喜用於作品之中。

同為春秋戰國時知名的樂人如筑演奏家高漸離、繞樑三日韓國的民間聲
樂家韓娥、秦青等，在唐音樂賦中則未提及。

三、秦漢至魏晉之樂人

漢武帝置「樂府新聲」，採集朝廟樂章與民間歌謠，命李延年為協律都尉
主持「樂府」：

叶於樂府，奚獨延年之律。（王起〈律呂相生賦〉）

明廷樂協，寧俟於李延年。（王榮〈黃鐘宮為律本賦〉）

李延年擅長音律歌舞，頗得武帝寵幸。除李延年外，王起〈焦桐入聽賦〉以
焦尾琴的故實，讚美蔡邕。蔡邕為漢代著名的文學家與音樂家，擅長作賦、
奏古琴及作曲，〔註127〕所作〈琴賦〉中的曲目，為琴學之重要史料。而其女

〔註125〕《樂府詩集》：「自伏羲製作之後，有瓠巴、師文、師襄、成連、伯牙、方子
春、鍾子期，皆善鼓琴。而其曲有暢、有操、有引、有弄。」〔宋〕郭茂倩：
《樂府詩集》，卷57，頁821。

〔註126〕《水經注》：「秦穆公時，有簫史者，善吹簫，能致白鵠、孔雀。穆公女弄玉
好之。公為作鳳臺以居之。積數十年，一旦隨鳳去，云雍宮世有簫管之聲焉。
今臺傾祠毀，不復然矣。」〔北魏〕酈道元：《水經注》，（臺北：藝文印書館
《百部叢書集成》影印《聚珍版叢書》本），卷18，頁4。三國魏曹植〈仙人
篇〉：「湘娥撫琴瑟，秦女吹笙竽。」〔宋〕郭茂倩：《樂府詩集》，卷64，頁
923。

〔註127〕蔡邕著有〈琴賦〉、《琴操》。創作琴曲見《文選》李善注：「俗傳蔡氏五曲，〈遊
春〉、〈淥水〉、〈坐愁〉、〈秋思〉、〈幽居〉也。」〔梁〕蕭統：《文選》，卷18，
頁264。

蔡琰，字文姬，亦爲當代音樂家：

> 左諧乎蔡琰之音，右扣於湘靈之鼓。（謝觀〈琴瑟合奏賦〉）

蔡琰，爲蔡邕的女兒，博學有才，通音律。是建安時期著名的女詩人，傳世作品有〈悲憤詩〉二篇，及長詩〈胡笳十八拍〉一篇，與其父皆爲漢代著名之文人音樂家。唐音樂賦提及幾位頗有音樂性之女子，例如昭君、細君、文君等：

> 悲紫塞之昭君，泣烏孫之公主。季倫歡金谷之宴，仲容暢竹林之聚。
> （虞世南〈琵琶賦〉）

> 文君聽琴而悅矣，子期聞笛而悲哉。（張德昇〈聲賦〉）

傳說「昭君出塞」時，王昭君行於大漠途中，悲懷於自身命運和遠離家鄉，因而彈〈出塞曲〉。細君公主遠嫁烏孫，作〈悲愁歌〉。文君善彈琴，新寡，司馬相如以琴曲〈鳳求凰〉挑之，留下著名的音樂故事。

東漢末年名將周瑜，頗受唐音樂賦青睞：

> 曲度自殊，奚假周郎之顧。（劉公輿〈太常觀四夷樂賦〉）

> 寧有顧於周郎，自不惑於子野。（班肅〈笙磬同音賦〉）

> 聲無誤曲，周郎之顧何施；調有雅音，季子之聽應異。（李子卿〈功成作樂賦〉）

> 周瑜之顧不作，蒼頡之字爰分。（闕名〈開元字舞賦〉）

周瑜精熟音律，雖酒過三巡，聽到別人奏曲有誤，必能辨知。〔註128〕

四、魏晉南北朝至唐之樂人

嵇康、阮咸是魏晉南北朝著名的音樂家及思想家，《晉書・樂志》記載了有孫氏、宋識、陳左、列和、郝索、朱生等善弘舊曲、擊節唱、清歌、吹笛、彈箏、琵琶等。〔註129〕這些樂人並不受唐音樂賦家青睞，在唐賦文本中，樂人品格風骨較演奏技巧能力更重要，因此，例如，盧肇〈鸜鵒舞賦〉

〔註128〕　《三國志・吳書・周瑜》：「瑜時年二十四，吳中皆呼爲周郎。」又「瑜少精意於音樂，雖三爵之後，其有闕誤，瑜必知之，知之必顧。故時人謠曰：『曲有誤，周郎顧。』」〔晉〕陳壽撰、〔宋〕裴松之注：《三國志集解》，（臺北：藝文印書館據《毛氏汲古閣》本），卷54，頁1040、1044。

〔註129〕　《晉書・樂志》：「有孫氏善弘舊曲，宋識善擊節唱和，陳左善清歌，列和善吹笛，郝索善彈箏，朱生善琵琶，尤發新聲。」〔唐〕房玄齡：《晉書》，卷23，頁23。

記下謝安的事蹟，吳融〈戴逵破琴賦〉、黃滔〈戴安道碎琴賦〉寫戴逵的心志。又如：

> 陶先生解印彭澤，抗跡盧阜。不矯性於人代，笑遺名於身後。適性者以琴，怡神者以酒。（張隨〈無絃琴賦〉）

> 堯人致歌於〈擊壤〉，陶令取逸於無絃。（高郢〈無聲樂賦〉）

讚美陶淵明藝術上獨特的風格、極高的造詣及隱士的品格。

　　爲了表現音樂的美好，賦家引用古代音樂家的典故，並結合映襯修辭，凸顯中國音樂內涵比起音樂技能更爲重要得概念，演奏者的道德修養是首要的。自古以來傑出音樂家都有較高的修養。用正心、正念達到寧靜致遠，心身合一，與天地相和的境界，在欣賞音樂的同時受到善的感化與思想境界的昇華。

　　隋唐時期之民間樂人有演唱家許和子、張紅紅等，演奏家有曹妙達、康崑崙、段善本及賀懷智等，這些在唐音樂史中頗有名氣的音樂家，在唐音樂賦中尋不著芳蹤。在賦詞中言琵琶則曰昭君，言琴則鐘期，言簫則弄玉。或者，強調音樂家之高尚品德，使之爲慣用語，成某一固定題材的象徵要素，意味著典故化、符號化的產生。

貳、以經典樂曲爲喻

　　賦家書寫音樂賦，爲了表現對音樂知識足夠認知，引用音樂「曲目」，藉以提高閱讀者對音樂具象化的聯想，同時暗示作者對音樂熟稔的程度。中國樂曲較多屬標題音樂，樂曲名稱與樂曲內涵或創作動機常有其特殊的意義。例如閻伯璵〈歌賦〉：

> 發〈河激〉之慷慨，奏〈滄浪〉之濁清。……眷〈五噫〉之匪陋，遵〈九章〉之淪悟。……〈九辯〉勤於水土，二〈南〉分於周召。……省周《詩》於魯策，欽漢〈風〉於沛鄉。……展來蘇於日域，諧〈擊壤〉於皇唐。……〈白雲〉互進，〈綠水〉激揚。聊以永日，歌而無荒。

引用的樂曲有《詩經》的樂章，有五帝的雅樂，有夏商民歌〈擊壤〉，有漢帝吟唱的詩歌，有典雅的古琴曲等，引導讀者進入音樂的氛圍場景。

　　將唐代音樂賦作品歸納，可以發現賦家偏愛選用之樂曲，表達出作者對樂曲的喜好傾向。

一、遠古時期之樂曲

雅樂是華夏天子祭天地、祖先及朝賀、宴享等大典所用的樂舞。儒家把它奉作最高典範，認爲它的音樂「中正和平」，歌詞「典雅純正」，雅樂一直是漢文化禮樂文化的重要組成部分。中國雅樂自黃帝始有專用樂名：

> 軒轅以創業功成，故〈雲門〉硑磏。（李子卿〈功成作樂賦〉）

> 〈雲門〉之典兮大呂之歌。（李子卿〈功成作樂賦〉）

> 靜而不過。小圜丘〈雲門〉之和。（張復元〈太清宮觀紫極舞賦〉）

〈雲門〉爲「軒轅氏之樂歌也，其義蓋言雲之出潤益萬物，如帝之德無所不施。」〔註130〕此外：

> 張〈咸池〉於洞庭之野，舞玄鶴二八。（石鎮〈洞庭張樂賦〉）

> 張洞庭兮聽〈咸池〉，同嶰谷兮合鈞天。（蔣至〈洞庭張樂賦〉）

> 乃理雲和，寫〈咸池〉。（王太貞〈鍾期聽琴賦〉）

> 綴〈咸池〉之雅韻，去桑間之末響。（歐陽詹〈律和聲賦〉）

〈咸池〉又稱〈大咸〉，「陶唐氏之樂歌也，其義蓋稱堯德至大，無不備全」。〔註131〕「咸池」傳說中爲日落之地，是先祖亡靈歸宿的地方，用以歌頌堯的功績。

《呂氏春秋・古樂》云：「帝嚳令咸黑作爲聲歌：〈九招〉、〈六列〉、〈六英〉。」〔註132〕顓頊、帝嚳爲五帝之一，均爲聖王，唐賦中引用其曲比喻盛治：

> 貞觀草創，已模〈五莖〉〈六英〉；開元增修，更叶黃鐘大呂。（李子卿〈功成作樂賦〉）

> 非勞轅軛，但布〈莖〉〈英〉。（元積〈奉制試樂爲御賦〉）

> 九奏未終，初疑八佾；三歎既退，方異〈六英〉。（李觀〈鈞天樂賦〉）

> 固可掩歌鐘於二四，配〈莖〉〈英〉於三五。（王起〈宣尼宅聞金石絲竹之聲賦〉）

〈五莖〉、〈六英〉爲上古五帝之樂，〔註133〕〈五莖〉爲「顓頊氏之樂歌也，

〔註130〕〔宋〕郭茂倩：《樂府詩集》，卷96，頁1342。

〔註131〕〔宋〕郭茂倩：《樂府詩集》，卷96，頁1344。

〔註132〕《呂氏春秋・古樂》，卷5，頁8。

〔註133〕文獻中，五帝說法略有出入。據《史記》、《禮記》、《春秋國語》，五帝爲「黃

其義蓋稱顓頊得五德之根莖。」〈六英〉為「高辛氏之樂歌也，其義蓋稱帝嚳能總六合之英華。」〔註134〕堯帝樂〈咸池〉與帝嚳樂〈六英〉常並稱為〈咸英〉：

> 均鳴絲於金竹，參〈雲門〉與〈咸英〉。（李瑾〈樂九成賦〉）
>
> 駐雲雨，咽〈咸英〉。（黃滔〈漢宮人誦洞簫賦賦〉）

《文心雕龍‧樂府》云：「自〈咸英〉以降，亦無得而論矣。」〔註135〕

　　音樂高雅低俗品味關乎時代風氣，反映社會道德水準高低和政治清明昏暗的程度。上古時期「堯舜之治」，以君子之道作為音樂主導，盛世之樂寬廣而祥和，使人們感受到社會的安定和諧。堯舜時的樂曲，廣為唐代賦家推崇：

> 翹遙兮比〈大章〉而未匹，縹緲兮異鈞天之下陳。（錢眾仲〈舞中成八卦賦〉）
>
> 〈咸池〉備矣，〈大章〉繼之。（邵軫〈雲韶樂賦〉）
>
> 〈大章〉彰之，已合陶唐之代；〈韶〉盡美矣，不惟有虞之日。（周存〈太常新復樂懸冬至日薦之圜丘賦〉）
>
> 〈五英〉〈六莖〉之義，〈咸池〉〈大章〉之徒。（闕名〈吳公子聽樂觀風賦〉）

〈大章〉相傳是堯帝樂舞，歌頌堯帝領導天下時仁德，以祭祀神明，寓意以德敬天，節奏平和而莊重。

　　〈韶〉為唐賦中運用較多的曲子：

> 士有聞〈韶〉嘉於蘊道，擊壤希乎可取。（裴度〈簫韶九成賦〉）
>
> 下臣就列以貢賦，喜聞〈韶〉而在茲。（沈朗〈霓裳羽衣曲賦〉）
>
> 繼虞〈韶〉之盡美，哂夏樂之慚德。（白行簡〈舞中成八卦賦〉）
>
> 可以加雕斲，可以暢〈韶〉雅。（王起〈焦桐入聽賦〉）

〈大韶〉簡稱〈韶〉，「有虞氏之樂歌也，其義蓋稱舜能紹先聖之德。」〔註136〕

帝、顓頊、帝嚳、帝堯、帝舜」；《白虎通義》、《尚書序》紀錄五帝為「少昊、顓頊、帝嚳、帝堯、帝舜」；《呂氏春秋》、《淮南子》認為五帝為「太昊（一說即伏羲）、炎帝、黃帝、少昊、顓頊」。

〔註134〕〔宋〕郭茂倩：《樂府詩集》，卷96，頁1343。

〔註135〕〔梁〕劉勰：《文心雕龍》，卷2，頁4。

〔註136〕〔宋〕郭茂倩：《樂府詩集》，卷96，頁1344。

用以歌頌舜的功績。孔子在齊國聽到〈韶〉樂，給予「盡善盡美」的評價。〔註137〕「善」是指樂舞的內容，其中包含了社會道德的內涵；「美」是樂舞的形式，就是指審美的標準：

> 幸賦〈韶〉樂之遺音，美哉尼父。（陳庶〈聞韶賦〉）

> 聲音上聞，同〈韶〉之盡美。（闕名〈作樂崇德賦〉）

> 至於擊拊孔皆。備虞〈韶〉而克諧。（張仲素〈玉磬賦〉）

黃帝〈雲門〉樂和虞舜〈大韶〉樂並稱〈雲韶〉。後泛指宮廷音樂：

> 奏自〈雲韶〉之下，盡是凡音。（沈朗〈霓裳羽衣曲賦〉）

> 我后垂拱，而作樂嗣曰〈雲韶〉。（邵軫〈雲韶樂賦〉）

> 乃翼日出〈雲韶〉而舞之，徒觀其降輦路，臨廣場。（邵軫〈雲韶樂賦〉）

〈韶〉因用排簫為主要伴奏樂器而稱為〈簫韶〉，古代行禮奏樂九曲，夏朝後又有〈九韶〉、〈九歌〉、〈九辨〉之稱，所謂「〈簫韶〉九成，鳳凰來儀」〔註138〕：

> 服御惟允，〈簫韶〉是聽。（錢起〈千秋節勤政樓下觀舞馬賦〉）

> 是以重華明兮〈簫韶〉若此。（獨孤申叔〈樂理心賦〉）

> 是以重華昭昭兮〈簫韶〉若此。（獨孤申叔〈審樂知政賦〉）

> 道薄風漓，莫究〈簫韶〉之本；聲消韻息，空傳干戚之容。（呂溫〈樂出虛賦〉）

> 眄鐘鼓而載止，暢〈簫韶〉之九奏。（闕名〈舞馬賦〉）

> 是曰鈞天之樂也，又何萬舞之與〈九韶〉。（裴度〈鈞天樂賦〉）

> 允所謂奏大音兮當聖朝，合〈六英〉兮和〈九韶〉。（潘炎〈君臣相遇樂賦〉）

《史記‧孝文本紀》記：「高廟酬，奏〈武德〉、〈文始〉、〈五行〉之舞。」〈簫韶〉於漢高祖六年被更名為〈文始〉，仍延續〈韶〉樂精神：〔註139〕

〔註137〕　《論語‧八佾》：「子謂〈韶〉，盡美矣，又盡善也。謂〈武〉，盡美矣，未盡善也。」《論語注疏》，卷3，頁32。

〔註138〕　《尚書‧皋陶謨》：「〈簫韶〉九成，鳳皇來儀。」孔傳：「〈韶〉，舜樂名。」《尚書正義》，卷5，頁14～15。

〔註139〕　《隋書》等歷代典籍中記載了孔子之後〈韶〉樂流傳的歷史：「秦始皇滅齊，

如是則〈文始〉不得盛於漢日,〈大章〉未可比於堯年。(李絳〈太清宮觀紫極舞賦〉)

舜帝是儒家治世與道德之典範,〈韶〉樂因而成為賦家用典之偏好。此外,民間樂曲或創作樂曲的部分,例如:

展來蘇於日域,諧〈擊壤〉於皇唐。(閻伯璵〈歌賦〉)

堯人致歌於〈擊壤〉,陶令取逸於無絃。(高郢〈無聲樂賦〉)

化東戶而咸若,歌〈南風〉而有光。(達奚珣〈太常觀樂器賦〉)

播〈南風〉於大道,秩秩無差;(謝觀〈琴瑟合奏賦〉)

相傳堯時〈擊壤歌〉,屬民間歌曲〔註140〕;舜歌〈南風〉〔註141〕,為仁君所作,含有祝頌勉勵意義。〔註142〕

二、夏商周之樂曲

夏商兩代樂舞從內容上看,已漸脫離原始氏族樂舞圖騰崇拜。大禹平治,繼承唐堯遺風,其樂受唐賦家讚賞:

信可以發揮〈韶〉〈夏〉,協贊和平。(許堯佐〈壎篪相須賦〉)

由是播〈大章〉〈大夏〉,表克長克君。(闕名〈作樂崇德賦〉)

〈大韶〉命曲,〈大章〉同儕。(裴度〈簫韶九成賦〉)

提及樂曲〈大夏〉,相傳為皋陶所作,是歌頌夏王朝開國君主大禹治水功績的樂舞。〔註143〕「有夏氏之樂歌也,其義蓋稱禹治水,其功能大中國。」〔註144〕

得齊〈韶〉樂;漢高祖滅秦,〈韶〉傳于漢,高祖改名〈文始〉。」〔唐〕魏徵:《隋書》,卷75,頁854。秦漢時期均把〈韶〉定為祭祀之樂。曹魏時期,魏文帝曹丕將〈文始〉復稱〈大韶〉。至南朝梁武帝,自定郊廟祭祀樂,以〈大韶〉名〈大觀〉。〈韶〉樂雖改換名稱,但仍居於帝王用樂之列,在祭天、祭祖和祭祀孔子時演奏。

〔註140〕〈擊壤歌〉:「《帝王世紀》曰:『帝堯之世,天下大和,百姓無事,有八九十老人擊壤而歌。』日出而作,日入而息,鑿井而飲,耕田而食,帝何力於我哉!」〔宋〕郭茂倩:《樂府詩集》,卷83,頁1165。

〔註141〕〈樂記〉:「昔者舜作五弦之琴,以歌〈南風〉。」《禮記正義》,卷38,頁677。《孔子家語·辨樂解》:「昔者舜彈五弦之琴,造〈南風〉之詩。其詩曰:『南風之薰兮,可以解吾民之慍兮;南風之時兮,可以阜吾民之財兮。』」〔魏〕王肅:《孔子家語》,卷8,頁160。

〔註142〕楊蔭:《中國音樂史》,(臺北:學藝出版社,1987年),頁29。

〔註143〕《呂氏春秋·古樂》:「禹立,勤勞天下,日夜不懈。通大川,決壅塞,鑿龍門,降通漻水以導河,疏三江五湖,注之東海,以利黔首。於是命皋陶作為〈夏籥〉九成,以昭其功。」《呂氏春秋》,卷5,頁10。

以禹英雄功績爲歌頌對象的樂舞。

見於古籍的商代樂舞有〈大濩〉及〈桑林〉〔註145〕：

> 合〈桑林〉之容以盡其意，照蓮花之彩以宣其利。（喬潭〈裴將軍劍
> 舞賦〉）

《莊子》曾用十分流暢的筆調描寫過庖丁解牛時的動作、節奏、音響「莫不
中音，合於〈桑林〉之舞。」〈桑林〉樂舞既強而有力，又輕捷靈巧，而且音
樂震撼人心。

〈大濩〉相傳伊尹所作，「有殷氏之樂歌也，其義蓋稱湯敕天下，濩然得
所。」〔註146〕祭先妣，是商代爲紀念商湯伐桀功勳的樂舞：

> 雲英之聲何質，〈韶〉〈濩〉之樂則深。（李程〈太常釋奠觀古樂賦〉）

> 舜湯一舉而進〈韶〉〈濩〉，荒隅一奏而成侏任。（呂指南〈太常觀樂
> 器賦〉）

> 雜以〈韶〉〈濩〉，間以〈英〉〈莖〉。（李程〈大和樂賦〉）

> 克諧〈韶〉〈濩〉，惟子野以能知；（王棨〈黃鐘宮爲律本賦〉）

> 美〈韶〉者舜，慚〈濩〉惟殷。（闕名〈作樂崇德賦〉）

> 若不聞〈大韶〉〈大濩〉，庸詎知夫石之爲美。（闕名〈泗濱浮磬賦〉）

> 〈咸〉〈濩〉作而理亦隨之。（獨孤中叔〈樂理心賦〉）

《禮記・郊特牲》云：

> 殷人尚聲，臭味未成，滌蕩其聲；樂三闋，然後出迎牲。聲音之號，
> 所以詔告於天地之間也。〔註147〕

殷人祭祀多用樂舞，所謂「樂三闋」可能與〈濩〉的演出形式有關，這種行
樂方式，反映其「尚聲」的審美意識。〔註148〕

〈大武〉爲周武王時期以開國君主戰爭功績爲歌頌對象的樂舞，相傳爲

〔註144〕〔宋〕郭茂倩：《樂府詩集》，卷96，頁1344。
〔註145〕古樂曲名。《左傳・襄公十年》：「宋公享晉侯于楚丘，請以〈桑林〉。」杜預
　　　　注：「〈桑林〉，殷天子之樂名。」《春秋左傳正義》，卷31，頁539。又《莊子・
　　　　養生主》：「庖丁爲文惠君解牛，手之所觸，肩之所倚，足之所履，膝之所踦，
　　　　砉然向然，奏刀騞然，莫不中音，合於〈桑林〉之舞，乃中〈經首〉之會。」
　　　　〔晉〕郭象注：《莊子》，卷2，頁72。
〔註146〕〔宋〕郭茂倩：《樂府詩集》，卷96，頁1345。
〔註147〕《禮記注疏》，卷25，頁507。
〔註148〕修海林、李吉提：《中國音樂欣賞》，頁23。

周公所作。〔註149〕由於春秋初年周平王遷都、諸侯征戰以及「鄭聲」等民間俗舞的衝擊，西周雅樂「禮崩樂壞」。春秋末期，文舞中只剩下〈大韶〉，武舞中只剩下〈大武〉。《禮記‧郊特性》云：「〈武〉，壯而不可樂也。」強調〈武〉所表現的藝術美及情感氛圍應屬於「壯美」的範疇。〔註150〕孔子讚揚武王伐紂的功績而創作的〈武〉樂是「盡美矣，未盡善也」：

> 文昭德而那對，〈武〉盡美而未工。（李子卿〈功成作樂賦〉）

> 知〈武〉也美而未盡，〈濩〉矣猶有慙德。（錢起〈洞庭張樂賦〉）

> 是知〈武〉也未善，〈濩〉也有慙。（陳庶〈聞韶賦〉）

> 降鑒匪遙。德音孔昭。鄙未善之周〈武〉，甚盡美之虞〈韶〉。（陸復禮〈鈞天樂賦〉）

> 清廟象功，則〈韶〉〈武〉播於金石。（李百藥〈笙賦〉）

> 掩軒后之〈咸池〉，陋周王之〈大武〉。（高郢〈獻凱樂賦〉）

> 俾夫繼〈咸池〉而嗣〈六英〉，越〈大章〉而跨〈大武〉。（李程〈鞄賦〉）

〈雲門〉、〈大章〉、〈大韶〉、〈大夏〉所代表的各代，以禪讓得天下，稱為「文舞」；〈大濩〉和〈大武〉為歌頌武力奪取天下的君王，屬於「武舞」。〔註151〕文舞、武舞，象徵文治武功兩種統治方略，成為華夏禮教的儀典。這樂舞稱之「雅樂」，雖幾經興衰，但在封建社會中，始終居於樂舞的正統地位。唐賦云：

> 命宗伯因四時之宜，教冑子以六代之舞。（闕名〈國子舞賦〉）

> 自與乎金石絲竹之聲，成文乎〈雲〉〈韶〉〈咸〉〈夏〉之數。（盧肇〈湖南觀雙柘枝舞賦〉）

> 掩〈雲門〉而奪〈大濩〉，鄙〈咸池〉而陋〈六英〉。（闕名〈開元字舞賦〉）

而「鄭衛桑間」則是指春秋戰國時代鄭、衛等國的民間音樂，儒家斥為

〔註149〕 《呂氏春秋‧古樂》：「武王即位，以六師伐殷，六師未至，以銳兵克之於牧野；歸乃薦俘馘于京太室，乃命周公作〈大武〉。」《呂氏春秋》，卷5，頁11。

〔註150〕 修海林、李吉提：《中國音樂欣賞》，頁24。

〔註151〕 《舊唐書‧音樂志一》：「按古六代舞，有〈雲門〉、〈大咸〉、〈大夏〉、〈大韶〉，是古之文舞；殷之〈大濩〉，周之〈大武〉，是古之武舞。」〔後晉〕劉昫：《舊唐書》，卷28，頁560。

淫聲，靡靡之樂。賦家常以之與六代之樂作為對比：

〈咸〉〈濩〉作而理亦隨之，鄭衛興而時乃殆而。（獨孤申叔〈樂理
心賦〉）

綴〈咸池〉之雅韻，去桑間之末響。（歐陽詹〈律和聲賦〉）

既聞鄭以戒荒，亦稱〈韶〉於盡美。（張德昇〈聲賦〉）

這些樂舞失傳已久，無從瞭解具體面貌，僅能從相關傳說，約略推知樂舞的
概況。

表 6-3-1　遠古傳說中之音樂作品

創制時代		樂曲名	作者	大　　意	附記
五帝	黃帝	〈咸池〉	黃帝	言雲之出潤益萬物，如帝之德無所不施。	〈雲門〉
	顓頊	〈五莖〉	飛龍	顓頊得五德之根莖。	
	帝嚳	〈六英〉	咸黑	帝嚳能總六合之英華。	
	帝堯	〈大章〉	質	歌頌堯帝領導天下時仁德	〈擊壤歌〉
	帝舜	〈大韶〉	夔	祭四望之樂舞，用以歌頌舜的功績。	〈南風〉
三王	夏禹	〈大夏〉	皋陶	歌頌夏王朝開國君主大禹治水功績。	
	商湯	〈大濩〉	伊尹	感激商湯伐桀之功勳。	〈桑林〉
	武王	〈大武〉	周公	歌頌周武王戰爭功績。	

《詩經》中的音樂在唐音樂賦中也被提及，例如：

聆〈湛露〉之終，光懸瑞景；體橫汾之末，目駐神居。（李紳〈善歌
如貫珠賦〉）

曲引「烝哉」，調吟〈皇矣〉。（薛勝〈孔子彈文王操賦〉）

〈湛露〉為《詩·小雅》篇名，是天子舉行宴會時，宮廷宴飲、娛樂時用的
詩樂，後喻君主之恩澤。〔註152〕〈皇矣〉為《詩·大雅》篇名，毛詩序：「〈皇
矣〉，美周也。天監代殷，莫若周。周世世脩德，莫若文王。」〈甫田〉為《詩·
國風》篇名：

於是謳〈甫田〉，拍〈清徵〉。（徐寅〈朱虛侯唱田歌賦〉）

_____

〔註152〕《左傳·文公四年》：「昔諸侯朝正於王，王宴樂之，於是乎賦〈湛露〉。則天
　　　子當陽，諸侯用命也。」《左傳正義》，卷18，頁307。

曲變終，雅奏闋。〈清角〉止，流商絕。（謝偃〈觀舞賦〉）

毛詩序：「〈甫田〉，大夫刺襄公也。無禮義而求大功，不脩德而求諸侯，志大心勞，所以求者非其道也。」〈清徵〉、〈清角〉爲春秋後期衛靈公訪晉國時師曠所演奏之樂曲，他指出師涓所彈奏之琴曲「清商」爲亡國樂曲。〔註153〕師曠，音樂造詣高深，他所創作的〈陽春〉、〈白雪〉，清逸迥然，反映師曠品行高潔：〔註154〕

〈白雪〉〈陽春〉，奚稱其和寡。（梁洽〈笛聲似龍吟賦〉）

〈陽春〉〈白雪〉之歌其和寡。（高郢〈吳公子聽樂賦〉）

於時〈白雪〉音屬，〈陽春〉調清。（徐寅〈歌賦〉）

〈陽春〉續響於孤絕，〈白雪〉連耀於璀璨。（李紳〈善歌如貫珠賦〉）

於時〈白雪〉音屬，〈陽春〉調清。（徐寅〈歌賦〉）

動〈白雪〉之聲，初疑剖蚌。（劉隲〈善歌如貫珠賦〉）

〈白雪〉取凜然清潔，〈陽春〉取和風淡盪之意。表達了君子潔身自愛，胸無塵渣，追求美好理想的崇高品格和志向。是曲彌高，其和彌寡的曲子。〔註155〕與〈流水〉、〈高山〉等琴曲，爲唐音樂賦中最常見的樂曲：

遙當野岸，肯思〈流水〉之曾彈。（黃滔〈戴安道碎琴賦〉）

〈流水〉一聽，柱間而涇渭合派；〈簫韶〉共奏，指下而鸞鳳和鳴。
（謝觀〈琴瑟合奏賦〉）

〈流水〉〈高山〉之曲其意深。（高郢〈吳公子聽樂賦〉）

琴曲〈流水〉、〈高山〉，寄情於自然山水。〔註156〕表達的伯牙與子期知音相賞，或比喻樂典高妙。其意義代表交流中的理解與溝通，包含了音樂的理解、情感的理解及生活態度的理解。

屬於高雅的琴曲還有〈幽蘭〉：

〔註153〕 見《韓非子·十過》，卷3，頁14。

〔註154〕 《淮南子·覽冥》：「昔者師曠奏〈白雪〉之音，而神物爲之下降。」《淮南子》，卷6，頁39。

〔註155〕 宋玉〈對楚王問〉：「其爲〈陽春〉、〈白雪〉，國中屬而和者不過數十人；引商刻羽，雜以流徵，國中屬而和者不過數人而已。是其曲彌高，其和彌寡。」〔梁〕蕭統編，〔唐〕李善注：《文選》，卷45，頁639。

〔註156〕 《列子·湯問》：「伯牙善鼓琴，鍾子期善聽。伯牙鼓琴，志在登高山。鍾子期曰：『善哉！峨峨兮若泰山！』志在流水。鍾子期曰：『善哉！洋洋兮若江河！』」《列子》，卷5，頁77。《呂氏春秋·本味》也有類似記載。

　　若夫振〈幽蘭〉，飛〈激楚〉。(謝偃〈聽歌賦〉)

　　靜對庭蕪，待從〈幽蘭〉之不奏。(黃滔〈戴安道碎琴賦〉)

〈幽蘭〉，一曰〈幽蘭操〉。〔註157〕樂曲節奏緩慢，力度不強烈，表現空谷幽蘭清雅素潔及靜謐悠遠的意境，抒發懷才不遇，表達抑鬱傷感的情緒。

　　薛勝的〈孔子彈文王操賦〉所賦爲《韓詩外傳》記載「孔子學琴於師襄」彈〈文王操〉的故事。〈文王操〉樂府琴曲名。傳爲周文王所作。〔註158〕

三、秦漢時期的樂曲

　　西漢時相和歌曲〈綠水〉、〈陽阿〉，是先秦時流行於楚地的民歌：

　　〈陽春〉爲罔象之得，〈綠水〉乃驪龍之翫。(劉騭〈善歌如貫珠賦〉)

　　〈綠水〉不奏，流舍後之潺湲。(張隨〈無絃琴賦〉)

　　乍起〈黃鐘〉，疑蚌開而色爛；將吟〈綠水〉，如浦沈而影連。(李紳〈善歌如貫珠賦〉)

　　〈白雲〉互進，〈綠水〉激揚。(閻伯璵〈歌賦〉)

　　〈陽阿〉布濩，結綠參差。(王太貞〈鍾期聽琴賦〉)

　　彼延陵空歎於〈象箾〉，宋玉徒美其〈陽阿〉。(張復元〈太清宮觀紫極舞賦〉)

〈綠水〉爲古曲名，一名〈淥水〉。〔註159〕宋玉〈對楚王問〉中認爲，〈下里〉〈巴人〉是民間歌曲，人人皆懂，藝術價值較低；〈陽阿〉、〈薤露〉較少人懂，藝術價值稍高。〈激楚〉、〈結風〉於唐音樂賦中常提及：

　　奏〈激楚〉則引以〈結風〉，歌〈陽春〉則雜以流徵。(仲子陵〈五色琴絃賦〉)

〔註157〕《琴操》曰：「〈猗蘭操〉者，孔子所作也。孔子歷聘諸侯，諸侯莫能任。自衛反魯，過隱谷之中，見薌蘭獨茂，喟然歎曰：『夫蘭當爲王者香，今乃獨茂，與眾草爲伍。譬猶賢者不逢時，與鄙夫爲倫也。』乃止車，援琴鼓之……，自傷不逢時，託辭於香蘭云。」〔漢〕蔡邕：《琴操》，卷上，頁4。

〔註158〕《樂府詩集・琴曲歌辭一・文王操》郭茂倩題解：「《琴操》曰：『紂爲無道，諸侯皆歸文王，其後有鳳皇銜書於郊，文王乃作此歌。』」〔宋〕郭茂倩：《樂府詩集》，卷57，頁830。〈文王操〉這首琴曲傳本很多。漢代《新論・琴道》以及《琴操》等書中，都載有此曲，只不過曲譜的版本和所講述的內容不盡相同。

〔註159〕《淮南子・俶眞》：「足躁〈陽阿〉之舞而手會〈綠水〉之趨。」高誘曰：「陽阿，古之名倡也。〈綠水〉，舞曲也，一曰〈淥水〉。」《淮南子》，卷2，頁15。

　　淮南兮〈激楚〉，荊歌兮趙舞。（李瓘〈樂九成賦〉）

　　〈激楚〉窈窕，流波逶迤。（王太貞〈鍾期聽琴賦〉）

　　〈激楚〉〈結風〉，發揚蹈厲。（喬潭〈裴將軍劍舞賦〉）

　　聞〈結風〉之妙曲，預高堂之歡宴。（李百藥〈笙賦〉）

　　奏東城之妙曲，命南荊之〈結風〉。（楊師道〈聽歌管賦〉）

〈激楚〉是屈原〈招魂〉中提到戰國時楚地民間樂曲。〔註160〕《史記·司馬相如傳上》：「鄢郢繽紛，〈激楚〉結風。」〔註161〕說明漢樂中，「楚聲」系統樂歌的重要地位。〔註162〕此外，李子卿〈功成作樂賦〉中「〈慶雲〉既同於舜日，〈大風〉無異於漢年。」提及歌頌漢高祖的樂曲〈大風歌〉，為漢高祖平定淮南王歸途經其故鄉沛時，據楚地音調以筑伴奏自創之歌曲。歌曰：「大風起兮雲飛揚，威加海內兮歸故鄉。安得猛士兮守四方。」具有粗曠和豪放的氣勢。〔註163〕閻伯璵〈歌賦〉「眷〈五噫〉之匪陋，遵〈九章〉之淪悟。」提及之〈五噫歌〉，為梁鴻東出函谷關，見宮殿之華麗，感人民之疾苦，觸景生情而作，〔註164〕揭示了當時社會的腐敗一面。鼓吹曲的部分，如：

　　念〈所思〉而不見，慨〈悲翁〉之蕭索。（李德裕〈鼓吹賦〉）

　　似是而非，賦〈湛露〉則方驚綴冕；有聲無實，歌〈芳樹〉而空想
　　垂珠。（元稹〈善歌如貫珠賦〉）

〈有所思〉、〈思悲翁〉、〈芳樹〉，均為樂府曲名，《漢鐃歌》十八曲之一。〔註165〕

〔註160〕《楚辭·招魂》：「竽瑟狂會，搷鳴鼓些。宮庭震驚，發〈激楚〉些。吳歈蔡謳，奏大呂些。士女雜坐，亂而不分些。放敶組纓，班其相紛些。鄭衛妖玩，來雜陳些。〈激楚〉之結，獨秀先些。」〔漢〕王逸：《楚辭》，卷9，頁3。又《淮南子·原道》曰：「揚鄭衛之浩樂，結〈激楚〉之遺風，射沼濱之高鳥，逐苑囿之走獸，此齊民之所以淫泆流湎。」《淮南子》，卷1，頁8。

〔註161〕〔漢〕司馬遷：《史記》，卷117，頁1240。

〔註162〕修海林、李吉提：《中國音樂欣賞》，頁62。

〔註163〕修海林、李吉提：《中國音樂欣賞》，頁69。

〔註164〕載於《後漢書·梁鴻傳》：「因東出關，過京師，作〈五噫〉之歌曰：『陟彼北芒兮，噫！顧覽帝京兮，噫！宮室崔嵬兮，噫！人之劬勞兮，噫！遼遼未央兮，噫！』肅宗聞而非之，求鴻不得。乃易姓運期，名燿，字侯光，與妻子居齊魯之閒。」〔南朝宋〕范曄著，〔唐〕李賢注：《後漢書》，卷83，頁1261。

〔註165〕見《樂府詩集·鼓吹曲辭一·漢鐃歌》。《樂府詩集》，卷16，頁223～230。〔晉〕陸機〈鼓吹賦〉：「簫嘈嘈而微音，詠〈悲翁〉之流思。」又見《晉書·樂志》：「漢時有短簫鐃歌之樂，其曲有〈朱鷺〉、〈思悲翁〉、〈艾如張〉、〈上

〈梅花落〉與〈折揚柳〉同屬漢樂府鼓吹部橫吹曲調，爲笛曲的代表作，
〔註166〕唐人咏吹笛多用〈折揚柳〉、〈梅花落〉：

　　〈折揚柳〉之數聲，鴈驚前渚；〈落梅花〉之一曲，鳥散芳枝。（鄭
　　　潰〈吹笛樓賦〉）

　　曾不如〈折揚〉之曲。（鄭希稷〈壎賦〉）

〈梅花落〉傳爲西漢李延年所作，屬於清商曲。清商舊曲於唐代音樂環境已
不爲唐人所愛，作品中例如鄭希稷〈壎賦〉描述此曲，應是將樂曲名提升爲
符號表徵，藉樂曲表述文人惆悵之心，作爲典故之用，而非實際聆賞。

四、魏、晉、隋、唐樂曲

魏晉以降，樂曲沿襲漢制。〔註167〕創作的樂曲如陳後主（583 年～589
年在位）作〈玉樹後庭花〉、〈春江花月夜〉等，唐音樂賦中並無敘述。嵇康
的〈廣陵散〉在當時極富盛名，唐賦中僅於闕名〈思愼賦〉中提及，唐音樂
賦中亦無描寫。

唐音樂賦中引用之隋、唐樂曲如邵軫〈雲韶樂賦〉「宗載橐，而象舞聞於
〈破陣〉；我后垂拱，而作樂嗣曰〈雲韶〉。」提及〈破陣樂〉樂與〈雲韶樂〉；
沈朗、陳嘏、闕名〈霓裳羽衣曲賦〉寫唐大曲〈霓裳羽衣〉；沈亞之〈柘枝舞
賦〉寫〈柘枝〉等等，唐音樂於前專節討論，此不再贅述。

唐樂器賦敘述宮廷雅樂活動引用的曲目，如李程〈太常釋奠觀古樂賦〉，
提及〈雲〉、〈英〉、〈韶〉、〈濩〉；〈大和樂賦〉雜以〈韶〉、〈濩〉、〈英〉、〈莖〉。
宮廷雅樂活動引用三皇五帝時的曲目，以古爲尙。

與琴相關的曲目在音樂賦作品中較常提及，如仲子陵〈五色琴絃賦〉「歌

之回〉、〈雍離〉、〈戰城南〉、〈巫山高〉、〈上陵〉、〈將進酒〉、〈君馬黃〉、〈上
陵〉、〈有所思〉、〈雉子班〉、〈聖人出〉、〈芳樹〉、〈上邪〉、〈臨高臺〉、〈遠如
期〉、〈石留〉、〈務成〉、〈玄雲〉、〈黃爵行〉、〈釣竿〉等曲，列於鼓吹，多敘
戰陣之事。及魏受命，改其十二曲，……改〈有所思〉爲〈應帝期〉，……改
〈芳樹〉爲〈邕熙〉，言魏氏臨其國，君臣邕穆，庶績鹹熙也。……是時吳亦
使韋昭制十二曲名，以述功德受命。……改〈芳樹〉爲〈承天命〉，言其時主
聖德踐位，道化至盛也。……及武帝受禪，乃令傅玄制爲二十二篇，亦述以
功德代魏。……改〈芳樹〉爲〈天序〉，言聖皇應曆受禪，弘濟大化，用人各
盡其才也。」《晉書》，卷23，頁326～327。

〔註166〕《樂府詩集》：「〈梅花落〉本笛中曲」，卷24，頁 349。
〔註167〕許之衡：《中國音樂小史》，頁 41。

夫〈薰風〉……奏〈激楚〉則引以〈結風〉，歌〈陽春〉則雜以流徵」。吳融〈戴逵破琴賦〉寫〈陽阿〉，黃滔〈戴安道碎琴賦〉寫〈流水〉、〈幽蘭〉，張隨〈無絃琴賦〉寫〈幽蘭〉、〈綠水〉，皆為古琴曲。謝觀〈琴瑟合奏賦〉除寫〈流水〉亦提及〈簫韶〉，王太貞〈鍾期聽琴賦〉寫〈激楚〉、〈陽阿〉亦提及〈咸池〉。〈簫韶〉、〈咸池〉非琴曲，為堯舜時代的樂章。

與笛相關的曲目如鄭濆〈吹笛樓賦〉提及〈折楊柳〉與〈落梅花〉，為傳統笛曲。梁洽〈笛聲似龍吟賦〉提及〈白雪〉〈陽春〉兩首琴曲，推測笛也可以吹奏此曲。〔註168〕

虞世南〈琵琶賦〉提及之〈白雪〉為琴曲，或許因琵琶此樂器發展較晚，便以當代的琴曲來彈奏。李百藥〈笙賦〉提到的曲目中，〈結風〉為楚樂，〈楚妃歎〉為樂府吟歎曲之一，〈韶〉〈武〉為六代之樂。其他如李程〈匏賦〉提及〈咸池〉、〈六英〉、〈大章〉、〈大武〉、〈韶〉樂，許堯佐〈塤篪相須賦〉提及〈韶〉、〈夏〉，張仲素〈玉磬賦〉亦寫〈韶〉。引用的樂曲皆為六代之樂，從賦作中無法確切推論該樂器與演奏曲目之相關性。

歌曲部分，謝偃〈聽歌賦〉用〈幽蘭〉、〈激楚〉，楊師道〈聽歌管賦〉用〈南荊〉、〈結風〉，鮑防〈歌響遏行雲賦〉也寫〈激楚〉，徐寅〈歌賦〉引琴曲〈白雪〉、〈陽春〉。元稹〈善歌如貫珠賦〉則是寫〈綠水〉、賦〈湛露〉、歌〈芳樹〉，李紳〈善歌如貫珠賦〉也寫〈綠水〉、〈湛露〉及琴曲〈陽春〉、〈白雪〉，劉隲〈善歌如貫珠賦〉亦用〈綠水〉、〈陽春〉、〈白雪〉再加〈玄雲〉之曲。

舞曲部分，謝偃〈觀舞賦〉用〈激徵〉、〈清角〉，平洌〈舞賦〉用〈防露〉、〈結風〉，喬潭〈裴將軍劍舞賦〉提及〈桑林〉、〈激楚〉、〈結風〉，張復元〈太清宮觀紫極舞賦〉寫〈雲門〉、〈象箭〉、〈陽阿〉，李絳〈太清宮觀紫極舞賦〉用〈文始〉、〈大章〉，皆為古曲。史書上記載，開元時「字舞」用〈聖壽樂〉，闕名〈開元字舞賦〉引用〈五行〉、〈南薰〉、〈雲門〉、〈大濩〉、〈咸池〉、〈六英〉，並未提及〈聖壽樂〉相關內容。唐代「舞馬」用〈傾杯樂〉，鄭錫〈正月一日含元殿觀百獸率舞賦〉引用〈簫韶〉、〈雲門〉、〈大濩〉之曲。盧肇〈湖南觀雙柘枝舞賦〉寫的是唐代流行的胡舞，文中引用的樂曲卻是〈雲〉〈韶〉〈咸〉〈夏〉之數。

〔註168〕林恬慧：〈先唐樂器賦研究〉，頁86。

曲目本身能提供聽者形象化的想像，對音樂欣賞有引導、暗示的作用，音樂賦作者在賦中引用音樂相關的曲目，代表作者在音樂領域體驗過程具備之鑑賞力。唐代音樂賦作家引用樂曲之名，與實際表演藝術所呈現之樂曲並不完全相符，顯示音樂賦功能不在於詮釋古曲，而是表現出尚古的風格。

參、對於樂器之書寫

從先唐音樂賦考察，音樂賦的創作雖無嚴謹的規定，但似乎有固定的書寫指標。以王褒〈洞簫賦〉為例，其創作的模式為先敘樂器材料不凡的生長環境及樂器製作的過程，再敘表演的儀態及形貌，最後描寫聲音感通作用及對樂器的讚揚。唐代音樂賦篇幅較短，不易仿先唐音樂賦般長篇大論或細緻描繪，但仍保留部分創作程式之概念。

一、對樂器產地的敘寫

音樂藉由樂器的演奏呈現美感，樂器質優、質劣直接影響到音樂表現的好壞，樂器材料的取材成為音樂鑑賞的基本。唐代音樂賦對於樂器取材及產地有所關注，例如虞世南〈琵琶賦〉：

> 既而班爾運能，鉤繩相設。求嘉木於五嶺，取殊材於九折。析文梓而縱分，剖香檀而橫列。木瓜貞柘，盤根錯節。或錦散而花開，或絲縈而緒結。徒觀其為狀也，則象形斗極，殊姿巧製。隨良楉之修短，任規模之巨細。既異材而合體，亦剗方而就銳。惟適道以從宜，故無取乎凝滯。

或如敬括〈觀樂器賦〉：

> 乃既埏埴，為之塤篪。……汶陽之篠入用，曲沃之匏見娛。爰裁爰截，為笙為竽。……收犬羊之皮，取虎豹之鞹。為鼗為路，是模是度。……嶧陽之桐孤生，荊山之玉秀出。是鍊是斲，為琴為瑟。

闕名〈洞簫賦〉：

> 南國之紀兮江水深。中巇薜兮天姥岑。試一望兮，見簫笢之差參。碧雲凝其正色，白日出其重陰。每含和以自守，雖歲寒其莫侵。

李百藥〈笙賦〉云：

> 懸匏出自西河，奇簳生於南國。山川載挺之異，班倕攄思之德。

不同的樂器取材便不同，大體言之，越是崎嶇難至的地區，質材越能吸收天地日月精華，易發精良。藉由材質非凡的特質，製做非凡音色的樂器。

　　唐音樂賦對於樂器產地的敘寫，常直接引用典故。竹制作的管樂器便是「汶陽孤篠」，若是敲擊的磬則言「泗濱浮磬」，製琴之桐木則是「嶧陽之桐」。例如：

> 汶陽之篠入用，曲沃之匏見娛。……嶧陽之桐孤生，荊山之玉秀出。
> （敬括〈觀樂器賦〉）

> 禹別九州，磬浮泗水。（闕名〈泗濱浮磬賦〉）

> 或採孤篠於鄒魯，或收浮磬於泗濱。（達奚珣〈太常觀樂器賦〉）

> 汶陽之孤篠斯有，泗濱之浮磬云備。（班肅〈笙磬同音賦〉）

> 伐修竹於嶰谷，來浮磬於泗濱。（呂指南〈太常觀樂器賦〉）

> 何截彼嶰谷之節，而吹象朝陽之聲。（梁洽〈吹竹學鳳鳴賦〉）

《尚書・禹貢》：「厥貢惟土五色，羽畎夏翟，嶧陽孤桐，泗濱浮磬，淮夷蠙珠暨魚。」〔註169〕「嶧」，山名，在山東省鄒縣東南；「泗」，水名，在山東省中部，地理上確實有此地名。嶧山所產梧桐，適於製琴；泗水中的美石，可以爲磬，據說均爲製琴、製磬之上等材料。唐代宮廷琴、磬製作材料未必全取於此地，賦文中以「嶧陽」、「泗濱」，以材質不爲人知至琢磨爲良器的過程，比喻樂器品質之精良，以提高樂器的價值。並闡述「秉文者必有時，藏器者不終否」之道理。

　　「曲沃之匏」與「汶陽之篠」亦是如此，匏與篠爲製笙的材料。潘岳〈笙賦〉曰：「河汾之寶，有曲沃之懸匏焉；鄒魯之珍，有汶陽之孤篠焉。」〔註170〕《史記》有「黃帝令伶倫伐嶰谷之竹作管」的紀錄，運用前朝的文學作品或傳說故實，提升樂器的價值及神秘美感。

二、樂器的製作與形態

樂器材料藏於深山幽谷，需獨具慧眼的工匠挑選，並完成樂器的製作：

> 於是乃使夫匠人，凌晶淼，入幽宮。攀重蘿，閱豐篠。截成枝之龍質，擬銜花之鳳鳥。作爲洞簫，其聲窈窕。（闕名〈洞簫賦〉）

> 山有梧兮猗猗。乍雲鬱而風披。豈雅琴之獨得，諒箜篌之可爲。操斧者取則不遠，度木者形之又奇。（闕名〈箜篌賦〉）

工匠入深山、登山崖、越幽谷、攀枝條，取得上好的材料，做成上好的樂器。

〔註169〕《尚書正義》，卷6，頁81～82。
〔註170〕〔梁〕蕭統：《文選》，卷18，頁24。

不同的樂器各有專業的製作工法，以獲得最佳的音色。以特有的雕工及裝飾，得到形體上的美感。經過工匠的雕琢，完成樂器的形體。例如：

> 若乃琢玉範金之巧，雕文鏤采之奇。上覆手以懸映，下承絃而仰施。帖則西域神獸、南山瑞枝。屈盤犀嶺、迴旋鳳池。開寶撥以更運，帶文綬而旁垂。（虞世南〈琵琶賦〉）

> 爾其狀也，龜腹鳳頸，熊據龍旋。戴曲履直，破觚成圓。虛心內受，勁質外宣。（薛收〈琵琶賦〉）

賦文中使用概括性的形容，對於唐代琵琶的具體形象並無說明，僅靠讀者臆測。其他像是鐘、磬、笛、簫等等，不同的樂器，工匠所投諸的技法及心力亦不相同，例如：

> 始其伐榦厚地，因材制器。四孔有加，五音俱備。無煩乎鈞簧促柱，有用於娛心滌志。乍從容而寥亮，究律呂以精粹。（梁洽〈笛聲似龍吟賦〉）

> 伊昔哲匠未顧，伶官未臨。分苽牒以爲伍，將葛藟而是尋。空思諧於音律，寧望齊於瑟琴。願以刳心，去苦葉而展用；寧無滋蔓，懼甘瓠之見侵。（李程〈匏賦〉）

> 當其形器作，坯工進。太房既列，風橐伊震。奉明謀以立象，窊樞不愆；出良冶而成聲，函圜得儁。（謝良輔〈洪鐘賦〉）

> 觀其璞將有營，工其獻情。規模可定，劃割方成。色光芒而白，氣溫潤而清。是磨是琢，且見其能照；載考載擊，乃知其有聲。夫如是守靜而素，豈不以有文而明。（闕名〈泗濱浮磬賦〉）

> 廣纔連寸，長匪盈把。虛中而厚外，圓上而銳下。器是自周，聲無旁假。爲形也則小，取類也則大。（鄭希稷〈塤賦〉）

音樂賦中以概括形象來鋪陳製器過程，人物、時空、情節或用想像、或用虛構、或用沿襲，其目的並非傳承製器工法，只是於文學作品中加深閱讀者對於音樂或樂器完美音質的肯定。

三、樂器的分類

　　八音是製作傳統樂器的八種材料，並按其劃分成八類樂器，《周禮・春官》云：「大師掌六律六同……皆播之以八音：金石土革絲木匏竹。」〔註171〕

〔註171〕　《周禮注疏》，卷23，頁354。

（一）敲擊樂器

金、石、革、木一般為敲擊樂器，在音樂史上形成較早，以鐘、磬、鼓、柷、敔為代表。鐘、磬可以表現出旋律，鼓、柷、敔則以節奏為主要演奏方式。

鐘是樂懸的主要樂器，作為樂器使用時，依不同名分、等級和權力所能陳設享用的樂制，以樂懸為基礎而有等差。〔註172〕懸鐘的木架稱簨簴，演奏旋律的鐘，以編組的形式存在，稱為編鐘。單獨一只鐘，稱為特鐘。〔註173〕唐賦中，謝良輔〈洪鐘賦〉、喬潭〈霜鐘賦〉、李程〈鼓鐘于宮賦〉、鄭錫〈長樂鐘賦〉、翟楚賢〈觀鑄鐘賦〉、李子卿〈夜聞山寺鐘賦〉等，以「鐘」為主題，雖不盡然以樂器視之，但可觀察出「鐘」與日常生活及音樂器樂活動息息相關。

石製的磬，如「擊石拊石，百獸率舞」、「投足以歌八闋」等等，最早用於先民的樂舞活動，樂器與自然生活密切相連，在載歌載舞中拍打節奏。後用於歷代政治上配合祭祀、宴饗等禮儀活動的「雅樂」中，成為象徵身分地位的「禮器」。唐賦中，有呂牧〈子擊磬賦〉，張仲素〈玉磬賦〉、〈泗濱浮磬賦〉，無名氏〈泗濱浮磬賦〉，班肅〈笙磬同音賦〉等等。「磬」為雅樂重要樂器，並以此彰顯宮廷樂器之精良。〔註174〕

闕名作〈刻桐為魚扣石鼓賦〉，賦中不強調樂器的功能，著力於桐與石二物，物雖殊器，聲音卻能相符，係神感所致，但若非識音，空有千古善應，也無人能知。

去毛的獸皮為革，為製鼓皮的材料。在樂器的範疇敘及「鼓」，如敬括〈觀樂器賦〉，賦文中云：

> 收犬羊之皮，取虎豹之鞹。為鼖為鼗，是模是度。其氣勃，其音博。
>
> 此革之器也。（敬括〈觀樂器賦〉）

由於製造工藝與發聲物理學技術的進步，漸漸形成外觀精美、裝飾細緻與良

〔註172〕《周禮·春官·小胥》：「正樂縣之位，王宮縣，諸侯軒縣，卿大夫判縣，士特縣，辨其聲。」《周禮注疏》，卷23，頁353。

〔註173〕 李時銘《詩歌與音樂論稿》，頁28～29。

〔註174〕《尚書·禹貢》中關於石磬的產地的記載：「海、岱及淮惟徐州……厥貢惟土五色，羽畎夏翟，嶧陽孤桐，泗濱浮磬，淮夷蠙珠暨魚；厥篚玄纖縞。」《尚書正義》，卷6，頁10～11。泗濱浮磬是古徐州的重要貢品之一，是中國歷史上最古老的玉石制法器和樂器。

好音質的樂器。「其聲坎坎然，其眾樂之節奏也」〔註175〕，凡獨奏或器樂合奏中，常有鼓伴隨演奏。

唐音樂賦中提及鼉鼓：

　　鼓靈鼉兮旃翠鳳，登舞童而詔樂師。（闕名〈兩階舞千羽賦〉）

　　　象乎鼉有逢逢之鼓，疑乎鳳有嘒嘒之聲。（梁洽〈笛聲似龍吟賦〉）

鼉鼓，以鼉皮製成之鼓。鼉與夔古文相通，夔是遠古鱷魚之類爬行動物的化身。〔註176〕被先民奉為雷神和音樂之神。「靈鼉之鼓」出於《史記·李斯列傳》：「建翠鳳之旗，樹靈鼉之鼓」，〔註177〕《詩經·大雅·靈臺》云其聲：「鼉鼓逢逢」。〔註178〕在描寫樂舞表演的作品如喬潭〈裴將軍劍舞賦〉、沈亞之〈柘枝舞賦〉、盧肇〈湖南觀雙柘枝舞賦〉、闕名〈開元字舞賦〉、闕名〈舞馬賦〉等，賦家寫到了鼉鼓，可觀察到此種樂器除雅樂使用外，亦經常用於宴饗樂舞表演活動中。

鼗鼓在唐音樂賦中也看得到：

　　鼗鼓以之迭奏，笙鏞於焉間發。（陳庶〈聞韶賦〉）

　　貫路鼗鼓，干戚羽旄；斑彬翕赩，巨萬盈億。（呂指南〈太常觀樂器賦〉）

　　何以鼓靈鼗之坎坎，撞猛簴之嗒嗒。（蔣至〈洞庭張樂賦〉）

鼗鼓，又記作鞀鼓，於周代已用於宮廷禮樂中，由宮廷樂師之一的小師來掌教鞀鼓的演奏規範。《周禮·春官》：「小師掌教鼓鼗柷敔塤簫管弦歌。」鄭玄注：「鼗如鼓而小，持其柄搖之，旁耳還自擊。」〔註179〕《儀禮·大射》亦云：「鼗倚于頌磬西紘。」鄭玄注：「鼗，如鼓而小，有柄。賓至搖之，以奏樂也。紘，編磬繩也。設鼗於磬西，倚于紘也。」〔註180〕長柄，鼓身兩旁綴靈活小耳，執柄搖動時，

〔註175〕〔唐〕段安節：《樂府雜錄》，一卷，頁14～15。

〔註176〕《山海經·大荒東經》：「其上有獸，狀如牛，蒼身而無角，一足，出入水則必風雨，其光如日月，其聲如雷，其名曰夔。黃帝得之，以其皮爲鼓，橛以雷獸之骨，聲聞五百里，以威天下。」，卷14，頁5。

〔註177〕〔漢〕司馬遷：《史記》，卷87，頁4。

〔註178〕《毛詩正義》，卷16-5，頁581。

〔註179〕《周禮注疏》，卷23，頁375。

〔註180〕《儀禮注疏》，（阮元刻《十三經注疏》本，臺北：藝文印書館，1976年），卷16，頁190。

兩耳雙面擊鼓作響，應類似現今所見之「撥浪鼓」。

柷、敔為古代木製打擊樂器，唐音樂賦中提及：

故能頓應楝、張柷敔。（達奚珣〈太常觀樂器賦〉）

節柷敔以鼓動，流戛擊以抑揚。（敬括〈觀樂器賦〉）

柷敔邐迤而就列，簨簴嶙峋而居次。（李程〈大和樂賦〉）

乍陽開於簫管，忽陰閉於柷敔。（李絳〈太清宮觀紫極舞賦〉）

柷、敔用於宮廷雅樂。《尚書·皋陶謨》：「合止柷敔。」鄭玄注：「柷，狀如漆桶，而有椎，合樂之時投椎其中而撞之。敔，狀如伏虎，背有刻，鉏鋙，以物擽之，所以止樂。」〔註181〕樂器柷為桶狀，方形的木製斛，形如木升，上寬下窄。用木棒撞其內部而發聲，以示樂的起始。樂器敔形狀如伏虎，演奏時用一支一端破成條狀的竹筒，於樂曲終結時，輕敲虎頭，逆刮虎背鋸齒。

張曙〈擊甌賦〉介紹甌這種瓦質的樂器，敲擊時將水放入甌內，隨水位高低借助水的振動，發出不同聲響。〔註182〕作品連續運用複雜多變的比喻手法，讓讀者從文字視覺上啟發對音樂聽覺上的聯想。

敲擊樂器與社會功能、宗教色彩等等有關。隨著社會的發展，鐘鼓之樂逐漸脫離宗教色彩，音樂的功能漸明顯，而產生純音樂上的效果。

（二）吹管樂器

吹管樂器的出現亦早，如文獻載「昔黃帝令伶倫作為律，伶倫……取竹於嶰谿之谷……聽鳳皇之鳴，以別十二律」〔註183〕。在竹製的古樂器中，排簫有發標準音的功用。此外，還有音色深沈的篪，音色宏亮的笛、篳篥等等。

范傳正、夏方慶同題之作〈風過簫賦〉，闕名〈洞簫賦〉，描寫的是簫。簫音色圓潤輕柔，幽靜典雅，適於獨奏和重奏。《尚書·皋陶》中記載「簫韶九成，鳳凰來儀」，「簫」即是「簫」字，指的是虞舜時代主要用排簫來演奏的樂舞「簫韶」。〔註184〕

〔註181〕《尚書正義》，卷5，頁14。
〔註182〕《樂府雜錄·擊甌》：「率以邢甌、越甌共十二隻，旋加減水於其中，以筯擊之，其音妙於方響也。」〔唐〕段安節：《樂府雜錄》，一卷，頁14。
〔註183〕呂不韋：《呂氏春秋》，卷5，頁8～9。
〔註184〕《尚書正義》，卷5，頁14。又《風俗通義》記載：「舜作簫韶九成，鳳凰來

　　簫、笛同源於遠古時期的骨哨，歷史上通稱爲笛，唐以後「橫吹笛子豎吹簫」，豎吹稱爲簫，橫吹爲笛，在鼓吹中占有相當重要的地位。〔註185〕虞世南〈琵琶賦〉云：「叶笙鏞之律呂，參鍾石之經緯。於是鳳簫輆吹，龍笛韜吟。」李白在〈宮中行樂辭〉中亦用「龍鳳」比喻笛、簫，分別雅稱爲「龍笛」與「鳳簫」。〔註186〕開、天間進士梁洽作〈吹竹學鳳鳴賦〉及〈笛聲似龍吟賦〉以鳳鳴形容簫內斂、清幽、古樸、深沉的清虛之音；以龍吟形容笛率直、悠揚、質樸、飄逸的田園之聲。此外，鄭希稷〈笛賦〉描寫饗宴中欣賞笛樂的情形。鄭濆〈吹笛樓賦〉以器樂演奏之處所爲題，《賦話》云：

> 開元遺事，已見于〈津陽門詩〉、〈連昌宮辭〉，不意鄭濆復有〈吹笛樓賦〉，敘次淒愴，堪與鼎足爲三。其句有云：「綺窗蕭索以將毀，繡嶺連延而若故。竟無六律，繼當時紫府之清音；空有一條，是往日翠華之來路。」又云：「三山迢遞在何處，萬姓淒涼無見時。」於天寶以前盛事則詳敘之，於潼關陷沒則置而不言，只從弓箭星霜寄慨，尤不失溫柔敦厚之旨。

描寫明皇開元時熱鬧而今蕭索的吹笛樓，以示戰亂國弱後文人的感觸。

　　塤是中國古代的吹奏樂器，也寫成「壎」。〔註187〕遠古時期，多以骨、石、陶土爲材料製成，以陶土爲最常見，所以在「八音」分類中，塤屬「土」類樂器。《舊唐書・音樂二》說：「塤，曛也，立秋之音，萬物將曛黃也。堈土爲之，如鵝卵，凡六孔，銳上豐下。」〔註188〕鄭希稷〈壎賦〉云：

> 至哉！壎之自然，以雅不潛，居中不偏，故質厚之德，聖人貴焉。

壎發出自然而和諧的樂音，能代表典雅高貴的情緒和雍容的氣度而受到古代聖人的器重。

　　　　儀，其形參差，像鳳之翼。十管長一尺。」〔漢〕應劭：《風俗通義》，卷6，頁12。古代的簫以竹管編排而成，稱爲排簫。
〔註185〕楊蔭瀏：《中國古代音樂史稿》，頁127。
〔註186〕李白〈宮中行樂辭〉之三：「笛奏龍吟水，簫鳴鳳下空。」《全唐詩》，卷164，頁1702。又南朝梁劉孝先〈詠竹詩〉：「誰能製長笛，當爲作龍吟。」逯欽立輯校：《先秦漢魏晉南北朝詩》，梁詩卷25，頁2066。都是相同用法。
〔註187〕《周禮・春官》：「小師掌教鼓、鼗、柷、敔、塤、簫、管、弦、歌。」鄭玄注：「塤，燒土爲之，大如鴈卵。」《周禮注疏》，卷23，頁16。又《爾雅・釋樂》：「大塤謂之嘂。」郭璞注：「塤，燒土爲之，大如鵝子，銳上平底，形如稱錘，六孔，小者如雞子。」郭璞注：《爾雅》，（臺北：藝文印書館《百部叢書集成》影印《五雅全書》本），卷上，頁25。
〔註188〕〔後晉〕劉昫：《舊唐書》，卷29，頁18。

　　塤篪成詞，兩種樂器常相提敘寫。篪為周代以前流行之竹製橫吹管樂器，〔註189〕與塤的地位相當。許堯佐〈塤篪相須賦〉云：

> 彼塤篪兮謂何，同律呂兮相和。苟論功於眾樂，孰有德而同科。遂使手之足之，候清音而屢舞；伯氏仲氏，諧雅韻於升歌。

其典出於《詩·小雅·何人斯》：「伯氏吹塤，仲氏吹篪」，伯氏、仲氏都是中國古代的賢哲雅士。〈塤篪相須賦〉又云：

> 且塤資土以辨類，篪假竹而成器。土容質可以符素心，竹聲清可以滌煩志。是則相從以和律，相因以成事。苟洋洋而在聽，諒醇醇而自致。

敬括〈觀樂器賦〉亦云：

> 乃既埏埴，為之塤篪。貌有古象，制無新規。其氣混，其音吹。此土之器也。

由於塤篪合奏柔美而不乏高亢，深沈而不乏明亮，兩種樂器唱和，相互補益，和諧統一，用以象徵中國文人之間高尚、純潔、和諧的友誼。

　　匏類樂器，利用匏為共鳴腔，貫竹管以鳴簧，指笙、竽一類的樂器：〔註190〕

> 及夫汶陽之篠入用，曲沃之匏見娛。爰裁爰截，為笙為竽。其氣散，其音吁。此匏之器也。（敬括〈觀樂器賦〉）

汶陽的竹簫、曲沃之匏，或長或短，切截整齊，切割成段，均比喻樂器中的極品。李百藥〈笙賦〉描寫笙，並寫初唐時歌舞姿容的歡樂氣息。李程〈匏賦〉以匏器尚質，其音感人，懼乎空懸，恥乎濫竽，圓象受天，黃色受土，虛受持盈，不宰而自然成器。此音可知太平之階，可使萬邦允懷，推至音樂之效。

（三）彈弦樂器

　　繼吹管樂器之後，彈弦樂器相繼出現。絲類樂器包括如琴、瑟、筑、箏、琵琶、阮咸、箜篌等等。

〔註189〕《爾雅·釋樂》：「大篪謂之沂。」郭璞注：「篪，以竹為之。長尺四寸，圍三寸。一孔上出一寸三分，名翹。橫吹之。小者尺二寸。」《爾雅》，卷上，頁25。

〔註190〕《國語·周語下》：「匏以宣之，瓦以贊之。」韋昭注：「匏，笙也。」〔東吳〕韋昭解：《國語》，卷3，頁14。又《說文·竹部》：「笙，十三簧，象鳳之身也。笙，正月之音。物生，故謂之笙。大者謂之巢，小者謂之和。」〔漢〕許慎撰，〔清〕段玉裁注，《說文解字注》，5篇上，頁199。

　　琴、瑟兩種樂器常相提敘寫，爲古之雅樂器。《詩・小雅・鹿鳴》：「我有嘉賓，鼓瑟鼓琴。」《書・皋陶謨》：「戛擊鳴球，搏拊琴瑟以詠，祖考來格。」而琴瑟之聲，爲雅樂正聲，〔註191〕琴瑟之音和諧，因以喻感情和諧友好。〔註192〕開成二年進士謝觀以〈琴瑟合奏賦〉讚詠君王美政和同。

　　琵琶原流行於波斯、阿拉伯等地，秦漢時期中原已有此樂器。南北朝時又有曲項琵琶、五弦琵琶，唐宋時期不斷改進，柱位逐漸增多，改橫抱爲豎抱，廢撥子，改用手指彈奏，成爲重要的民族樂器。〔註193〕薛收、虞世南同題之作〈琵琶賦〉，以琵琶聲音的優美曼妙，讚頌大唐的文治武功。

　　箜篌亦爲古代撥弦樂器，鄭希稷〈箜篌賦〉云：

　　　箜以姓而得，篌以坎而知。考宮商於制氏，窮巧妙於般倕。

箜篌有豎式和臥式兩種。〔註194〕鄭希稷以各種比喻，凸顯箜篌之音色氣質，「鄙羌笛之吟龍，輕秦樓之吹鳳」，表達個人特別喜愛之意。

　　音樂賦不以音樂的「符號」來探究，而是以音樂的「語言」作爲支持，這些形象語言協助賦體文學具體化了對音樂審美情感的表現，所代表的意義非音樂的現象或音樂本體，僅爲以文學爲前提的音樂審美描述。

第四節　唐代音樂賦之審美形態

　　一個時代的審美體驗，是時代社會心理在藝術活動中的表現，更進一步會孕育與審美體驗相連繫的審美理想。審美理想是歷史發展過程中經驗的累積，有著民族思維的特色，同時具備更多的理性色彩。

〔註191〕《荀子・非相》：「聽人以言，樂於鍾鼓琴瑟。」〔清〕王先謙：《荀子集解》，卷3，頁9。又《唐摭言・統序科第》：「琴瑟不改，而清濁殊塗；丹漆不施，而豐儉異致。」〔五代〕王定保：《唐摭言》，卷1，頁1。

〔註192〕《詩・周南・關雎》：「窈窕淑女，琴瑟友之。」卷1-1，頁23。《詩・小雅・常棣》：「妻子好合，如鼓瑟琴。」《毛詩正義》，卷9-2，頁16。

〔註193〕楊蔭瀏：《中國古代音樂史稿》，頁127、163、242。

〔註194〕《史記・孝武本紀》：「禱祠泰一、后土，始用樂舞，益召歌兒，作二十五弦及箜篌瑟自此起。」裴駰集解引徐廣曰：「應劭云：『武帝令樂人侯調始造箜篌。』」〔漢〕司馬遷：《史記》，卷12，頁16。《隋書・音樂志下》：「今曲項琵琶、豎頭箜篌之徒，並出自西域，非華夏舊器。」〔唐〕魏徵：《隋書》，卷15，頁207。《舊唐書・音樂志二》：「（臥箜篌）形似瑟而小，七絃，用撥彈之……豎箜篌，胡樂也，漢靈帝好之。體曲而長，二十有二絃，豎抱於懷，用兩手齊奏，俗謂之擘箜篌。」〔後晉〕劉昫：《舊唐書》，卷29，頁17。

音樂審美的形態，就音樂本身而言，必須符合人們對聽覺審美需求所建立起的審美結構，如音的高低、強弱、長短、音色等，音樂的旋律、節奏、和聲、曲式結構等必須有序的形成一種和諧，所以音樂的審美理想，最基本的實現在於音樂的本身。然而，對於中國而言的音樂審美理想，不僅僅是在音樂形式或音樂結構上追求完美，還必須是人與社會的理想實現。〔註 195〕

唐代音樂賦以文學的形式表現音樂的審美理想，當文人將音樂的鑑賞以賦體形式落實於文字時，代表賦體文學與音樂美學在審美意念上的結合。唐代音樂賦呈現的審美觀點，綜而言之可歸納為以和為美、以雅正為美、以麗為美，本節以賦文本為基礎，結合音樂美學與文化背景作綜合論述。

壹、以和為美

徐復觀在《中國藝術精神》中曾說：「樂的正常地本質，可以用一個『和』字作總概括。」〔註 196〕音樂的產生，是人類對宇宙萬物及大自然有所感而作。運用想像或原始宗教等思維，與自然相處中獲得精神上的滿足，並將這種精神融合在樂舞中，追求內在與外在的身心平衡及其精神上的和諧。因此，人類所創造的音樂必然與天地相和諧，故「大樂與天地同和」。「大唐雅樂」便是本此邏輯而生。

一、十二和樂

南北朝時，由於地域懸隔與種族不同，音樂上形成「梁、陳之音」與「周、齊之音」的分別。唐朝一統，貞觀初年祖孝孫等人奉命正宮調、合音律，就「陳、梁舊樂，雜用吳、楚之音；周、齊舊樂，多涉胡戎之伎」，遂「斟助南北，考以古音，而作大唐雅樂」〔註 197〕。大唐新樂融合南北之音，調和吳、楚、胡戎之聲，使音樂融合為一，賦予唐樂新的內容，又增強藝術表現力。其目的正是為統和天人，劃一人心，促進政治穩定。

祖孝孫制定「大唐雅樂」，以十二律之序，旋相為宮之法，使之成調，並以「大樂與天地同和」之義，編為「十二和」之樂。太宗並命褚亮、虞世南、魏徵等人制詞為十二樂章。名〈豫和〉、〈順和〉、〈永和〉、〈肅和〉、〈雍和〉、〈壽和〉、〈太和〉、〈舒和〉、〈昭和〉、〈休和〉、〈正和〉、〈承和〉。又制文

〔註 195〕何美諭：〈魏晉樂律與樂賦音樂審美研究〉，頁 127。

〔註 196〕徐復觀：《中國藝術精神》，頁 18。

〔註 197〕〔宋〕王溥：《唐會要》，卷 32，頁 11。

舞名〈治康〉，武舞名〈凱安〉。凡十二和及文、武二舞，均用於吉、賓、軍、嘉、凶五禮及郊廟祭祀禮儀之中。〔註198〕「樂和」的意義在於使統一後的各地域、各種族，對音樂達到情感及認知認同的共同感受。

音樂展現的作用隱藏著規律性，即一種「和諧」的狀態。在中國美學史上，「和」是一個很重要的概念，具有濃厚的政治道德倫理色彩，在孔孟思想中有人格化育的教養功夫，在老莊思想中有和而不唱的體道立場，而眾樂之和更具備政教功能。以和爲美的文化和審美意識，是唐音樂賦審美的理想。

二、樂從和

在文化發展上，「平和」的思想爲儒道兩家所繼承。儒家在音樂審美方面格外強調「平和」、「中和」。表現在追求「適中」有節度的樂音。「平和」一詞最早見於《左傳・昭公元年》：

> 中聲以降，五降之後不容彈矣。於是有煩手淫聲，慆堙心耳，乃忘平和，君子弗聽也。〔註199〕

提出了「中聲」、「淫聲」、「平和」三個審美範疇。「中聲」指音高、速度適中而有節制的音樂。具體言之就是規定五聲「大不逾宮，細不過羽」，捨棄彈奏複雜多變的「煩手」，屏棄超出「中聲」範圍，過度追求音響效果及速度變化的「淫聲」。使人保持平和之心的「中聲」，便是音樂審美中重要的審美準則。

儒家原以中庸之道爲立身之則，所以樂亦以致中和爲主。《尚書・堯典》提出樂爲「中和」之教。時舜命夔典樂教胄子「直而溫，寬而栗，剛而無虐，簡而無傲」，目的是欲以樂調養人心至中和之美的藝術心境。《中庸》亦曰：「喜怒哀樂之未發，謂之中；發而皆中節，謂之和。中也者，天下之大本也；和也者，天下之達道也。致中和，天地位焉，萬物育焉。」〔註200〕中是指個人感情未發時，內含的傾向，和是指感情既發後，對於社會的關係。多數個人感情的傾向合乎中，社會之間才會發生和的關係。〔註201〕唯中平雅正

〔註198〕 《周禮・大司徒》：「以五禮防萬民之僞而教之中。」「五禮」，鄭玄注，即「吉、凶、軍、賓、嘉」。據《周禮》，五禮之用分別爲「以吉禮事邦國之鬼神示」、「以凶禮哀邦國之憂」、「以賓禮親邦國」、「以嘉禮親萬民」。《周禮注疏》，卷10，頁161。
〔註199〕 《春秋左傳正義》，卷41，頁708。
〔註200〕 見〔宋〕朱熹：《四書章句集注》，（北京：中華書局，1983年），頁18。
〔註201〕 楊隱：《中國音樂史》，頁20。

之樂，可以養成中正無邪之性，進而移風易俗，天下皆寧。可知「有節制」的中和思想，是儒家修身處事的方法，而這種中和的境界，可使天地定位，化育萬物。

儒家的「平和」是兼顧聽覺審美心理與生理的和諧樂音：

> 撞黃鐘而角動，扣太簇而徵流。大不踰宮，而清濁迭和；細不過羽，而終始相酬。是以六變而天神可禮，九成而帝德惟休。大禮畢，雅音收。居清穆以合理，思宵密而為獻。雖化洽時和，惟善政所致；而風移俗易，將復樂之由。（周存〈太常新復樂懸冬至日薦之圜丘賦〉）

以「大不踰宮，細不過羽」的和諧樂音，描述「中和」的特質，樂音變化合於節度，無過而不及。這種德音是可以達善風俗「政和」的目的：

> 動乎中，形於外；播於樂，聲成文。（蔣防〈舜琴歌南風賦〉）

> 仰乾坤之德，知樂之所由興；觀君臣之和，知樂之所由作。……惟太平之和樂，按前史之未聞。……節有序，聲成文。豈徒以諧鼓舞，蓋所以調氤氳。（潘炎〈君臣相遇樂賦〉）

> 心有所感，聲成於文。既為事而為物，亦有臣而有君。哀而不慘，樂而不分。著萬物之情性，和二氣之絪縕。（仲子陵〈五色琴絃賦〉）

> 斯道颯颯，斯人俁俁。和聲合氣，綴規接武。……太和之音，其樂愔愔。作以崇德，和而不淫。……乃知雅音為邦家之本，正樂非耳目之翫。可以洽人神，可以彰理亂。而況八佾成列，八音克諧。尊儒訓兮國風之始，闡樂正兮王政不乖。夫如是，所謂光揚盛禮，和樂孔偕。（李程〈太常釋奠觀古樂賦〉）

「節有序，聲成文」是讚美有節度的音樂，凸顯音樂移風易俗的功效。若音樂符合「和」、「平」的特性，便可以「遂八風」、「合神人」：

> 夫樂者，所以通神明，節情欲。和天地，調風俗。（謝偃〈聽歌賦〉）

> 繁音九變，曲度將終。神人以和，天地攸同。道五常之行，移四海之風。（邵軫〈雲韶樂賦〉）

音樂在社會與人心關係上發展出聲和、心和、人和、政和、神和的思維模式。

聆聽音樂時，考察樂曲風格，符合節度的音樂內涵，即便是情緒上有所起伏，也不至於過度：

> 退不失倫，進不踰曲。流而不滯，急而不促。（謝偓〈觀舞賦〉）
>
> 則知樂之爲用也，不獨逞煩手，謹俚耳。正心術而導淳源，非聽其
> 鏗鏘而已。（獨孤申叔〈樂理心賦〉）
>
> 不教以中和，不能知樂；不教以博依，不能安詩。（鄭方〈樂德教胄
> 子賦〉）

音樂上的中和之音，都是感人至深的。表現的氣態聲容雖然或會不同，然皆
由物感之無窮變化所致的。故「治世之音安以樂」，「亂世之音怨以怒」，「亡
國之音哀以思」。因此，不管是《詩經》關雎之「樂而不淫、哀而不傷」，還
是〈樂記〉之「極幽而不隱」、「奮疾而不拔」，或者，不管是悲憤的〈廣陵散〉
抑或是款款深情的〈高山流水〉，表現的都是這種中和之美。這種中和之美，
不僅表現爲淡和中正的雅頌之音，也表現爲由不同的喜怒哀樂之感發而中節
的樂音。

與儒家「禮樂」思想互補的是道家的「天樂」思想觀。《莊子・天運》
曰：

> 四時迭起，萬物循生。一盛一衰，文武倫經。一清一濁，陰陽調和，
> 流光其聲……道可載而與之俱也。〔註202〕

道家主張的是順應自然、天人合一的音樂美學思想，表現在追求一種「平
和」、「淡和」音樂風格，以音樂「宣和情志」，使身心情感趨於平靜：

> 以爲心和即樂暢，性靜則音全。和由中出，靜非外傳。若窮樂以求
> 和，即樂流而和喪；扣音以徵靜，則音溺而靜捐。是以撫空器而意
> 得，遺繁絃而道宣。豈必誘玄鵠以率舞，驚赤龍而躍泉者哉。（張隨
> 〈無絃琴賦〉）

以琴自娛的志趣，以音樂來養氣神，這樣的音樂才能感盪心志而發洩幽情。
「音」是藝術之聲，「聲」是自然之聲，音和聲是相反卻又相成的兩個概念。
不和諧與和諧之音聲既互相對立又互相諧和，局部的不諧和可產生整體的諧
和。《老子》云：

> 故有無相生，難易相成，長短相形，高下相傾，音聲相和，前後相
> 隨。是以聖人處無爲之事，行不言之教。〔註203〕

因此，認爲在音聲問題上，否定人爲而失自然的有聲之樂，而推崇無爲而自

〔註202〕　〔晉〕郭象注：《莊子》，卷5，頁286～287。
〔註203〕　《老子道德經》，2章，頁1。

然的無聲之道。

> 和而出者樂之情，虛而應者物之聲。（呂溫〈樂出虛賦〉）

從「音聲相和」來看，「音」與「聲」顯然是不同的，但對「音」與「聲」起好惡，全在於人心的分別。所以這裡的「音聲相和」是一種無造作的美學感受，它無價值的判斷，在人為與非人為中有種和諧的互動，從心境上看來是和諧的。

道家對「和」的闡釋，具有天、人合一的論述基礎，是人與宇宙萬物之關係：

> 聖人之作樂也，將以同和於天地；崇祭也，將以合奠於鬼神。（周存〈太常新復樂懸冬至日薦之圜丘賦〉）

> 樂以和，和之至而天用作，天之神而樂克宣。其動也與元氣迭運，其靜也與太虛相全。（李觀〈鈞天樂賦〉）

> 用之則邦國之光備，施之則中和之氣宣。……道其樂使萬物無不宣，飾其容使兆人無不賴。（張復元〈太清宮觀紫極舞賦〉）

音樂是一種與自然平和與參與的狀態，構成天地原始物質之「氣」，樂之氣與自然調和，從樂和、神和，至與天地同和。道、儒相互濡染後，對於音樂展現共同理想便是「至」、「大」的通融境界，於是：

> 況乎大樂同和，至音交暢。（獨孤申叔〈樂理心賦〉）

> 天地同和，盡樂止戈之武；生靈咸若，俱歡反旆之師。……鏗鏘既薦乎成文，條暢有符於交泰。若乃昭聲教，定武功。肅軍容於清廟，和樂節於皇風。（高郢〈獻凱樂賦〉）

> 是知大樂與天地同和，大禮與天地同節。（高郢〈吳公子聽樂賦〉）

「和」的美學思想在中國古老藝術文明中，意味著天、人之間合一的哲學意義，它表現在生活中是一種「和諧」的生命狀態。中國古代音樂追求韻律、節奏、秩序、理性的和諧，是倫理、情感、禮制、人性相互融合的社會道德規範。具備了獨特的藝術美感，亦象徵宇宙創化的過程。

三、禮樂相和

禮樂制度的建立，以樂舞禮儀來規定君臣、父子、兄弟、夫妻之間上下尊卑及親疏關係，所謂「禮樂皆和謂之樂」。這種「樂主和」的禮樂制度是達成社會的穩定與和諧必須遵守之規範。

　　《論語‧八佾》：「子謂〈韶〉，盡美矣，又盡善矣；謂〈武〉，盡美矣，未盡善矣。」「關雎樂而不淫，哀而不傷。」〔註204〕體現了要求盡善盡美的和諧審美價值取向。

　　荀子在《樂論》中，表達了「和」的核心思想：「樂在宗廟之中，君臣上下同聽之，則莫不和敬；閨門之內，父子兄弟同聽之，則莫不和親；鄉里族長之中，長少同聽之，則莫不和順。故樂者，審一以定和者也。」〔註205〕這種音樂之和的理論，唐代音樂賦作也有跡可循：

> 至若樂在朝廷，君臣叶義。一發而陽唱陰和，九變而雲行雨施。上以見爲君之難，下以知爲臣之不易。有國者理心以此，必獲儀鳳之嘉瑞。……若乃樂在閨閫，父子靜專。蓋取諸無荒而樂，有節而宣。和以嚴濟，愛由敬全。有家者理心以此，必返天性於自然。（呂溫〈樂理心賦〉）

　　〈樂記〉代表儒家提出具整合性的音樂理論：「故樂者，審一以定和，比物以飾節，節奏合以成文，所以合和父子君臣，附親萬民也。是先王立樂之方也。」〔註206〕音樂與政教息息相關，音樂是否合於禮，影響所及，攸關著國家的興衰：

> 詠聲調兮律聲遍。人心厚兮國風變。伊在堯之既引，載得夔而斯見。……比屋可戮，桀紂周測其所由；率土可封，堯舜固知其所以。
> （歐陽詹〈律和聲賦〉）

甚至直接將音樂活動解說成人與自然的調和：「故樂者，天地之命，中和之紀，人情之所不能免也。」〔註207〕在中國思想發展上，「和諧」性的象徵即表現在「禮」與「樂」的關係上：

> 音留情以待物，亦同禮於自然。（高郢〈無聲樂賦〉）
>
> 信矣惟時，與四時而德洽；純如合莫，彌六合以文成。（歐陽詹〈律和聲賦〉）

〔註204〕《論語注疏》，卷4，頁26。
〔註205〕《荀子集解》，卷14，頁628。
〔註206〕《禮記正義》，卷39，頁700。
〔註207〕《禮記正義》，卷39，頁701。陳章錫〈儒家的音樂思想探源〉：「禮樂通貫人情，以化民成俗爲要旨；因爲禮、樂分別經由外在的社會規範和內在的情感陶冶，來防止爭競、淨化情感，故能安定人心，進而平治天下。」《鵝湖月刊》第23卷，第7期，1998年2月。

「禮」維持著一定的行為模式,「樂」統合著一定的情感意識,在節奏性的運作上找到一個高度和諧性的人生觀。其中「審一以定和,比物以飾節,節奏合以成文」所強調的是音樂必須有音律規範和旋律音韻所展現的音樂文采來美化:

> 成文不亂,知至樂之有融;從律弗奸,見王道之甚直。(獨孤申叔〈樂理心賦〉)

要了解「和」的理念,應當從「樂也者,動於內者也」的人心內在活動面向導入,探討樂的活動變化狀態及對此活動的規範意義:

> 心為靈府,樂有正聲。感通而調暢之理自得,訢合而邪僻之慮不生。(獨孤申叔〈樂理心賦〉)

> 且夫樂之作也,一動一息。心之理也,惟清惟直。(呂溫〈樂理心賦〉)

音樂的動習,牽繫心念的反射,所謂治樂以治心。而「樂也者,動於內者也」,人心內在充實滿盈,而向外施展的必須以「和」為理念,自我節制而「中節」,樂的表現則不偏不倚,合於正道。

音樂創作是物我和諧相應的體現,自然與人文的關係非衝突對立的存在,而是相輔相成、相得益彰的和諧作用。因此,音樂的功用就在於以德為本;合於禮義而導正心性:

> 是知以德音為音,則合於仁義。以淫樂為樂,則比於慢易。……則知樂之為用也,不獨逞煩手,謹俚耳。正心術而導淳源,非聽其鏗鏘而已。(獨孤申叔〈樂理心賦〉)

「和」就是正,是循其性而無所偏倚。它是儒家修身處世的重要方法。在音樂思想中的體現,「和」是音樂完美的基礎。在〈樂記〉中哲學家認為「樂者天地之和,禮者天地之序」,「大樂與天地同和,大禮與天地同節」,展現樂與禮的和諧與節奏。樂與神通、樂與政和的實踐發展歷史過程中,達到了樂與禮和的層次。音樂之「和」承載了中國古代思想的核心和中國文化的基本精神,唐代的賦作中亦繼承相同的理念。

上述可知,唐音樂賦強調樂在人和,人和則樂和的審美觀念,包含道家天樂思想及儒家禮、樂音樂的傳統,並反映時代內容。此審美觀念使音樂得以在追求高技巧的背景下,發揮出更大的藝術感染力。音樂以其感人至深,

達到所謂教化人心，移風易俗之功用。

貳、以雅正爲美

　　清人李調元《雨村賦話》認爲唐賦「以雅正爲宗」的觀點，說明「雅」是唐代律賦的首要準則，普遍得到贊同。而樂自周代制禮作樂即重雅正，春秋末期禮崩樂壞，「新聲」產生，雅樂與淫樂在音樂史成關注的焦點。從音樂與賦體的角度觀之，「雅正」影響唐音樂賦的創作風格。

一、音樂之雅正

　　孔子主張「惡鄭聲之亂雅樂」、「樂則韶舞，放鄭聲」，批判了鄭聲之亂雅，歷數諸如孟子、《荀子》、《韓非子》、《呂氏春秋》、〈樂記〉、魏晉時阮籍的《阮籍集》、南北朝時劉勰的《文心雕龍》，乃至宋代程朱理學等「淫聲論」主張者或其文獻，盡是「淫樂亡國論」，可見雅樂與俗樂之間在長久歷史中的差異及衝突。

　　唐音樂賦繼承傳統，提倡雅樂，譴責淫樂。在音樂會影響人心的觀念下，宣揚雅樂正聲重要性之音樂詩，似乎偏愛藉琴、瑟以發議論，以琴、瑟具有積極教化並修身之效，洽與雅樂正聲功效相應。〔註208〕音樂賦則是直接以堯、舜等聖人之象徵意義，從「審樂之正」、「作樂崇德」的觀點論述。畢竟，「雅」在辭賦創作中爲重要的風格。然而，無論儒者如何辯證，除強化形式上雅俗對立的論點外，並不能反映唐人追逐新樂的企圖，也難於阻止莊嚴、清淡的雅樂趨漸沒落的事實。

　　先唐音樂賦多從各個角度對樂器、聲音、舞蹈進行全方位的鋪排描寫，唐代音樂賦則多議論，作品中很容易觀察到「正聲」與去「鄭聲」之音樂思維，對音樂的描寫大多爲闡發道理，內容注重封建治道或處世之道的哲理闡釋，藝術的描寫不爲作品敘述的主體。唐音樂賦中對作家而言，樂重雅正是不容挑戰的眞理。賦家崇尚古樂雅音，批評今樂的背後，大致上都含有對政治理想的寄託。

二、賦體之雅正

　　「雅」在評論唐代賦風格時爲常見的字，源自對辭賦「古詩之流」的文體定位，深受「文質彬彬」詩教觀的影響。漢代揚雄秉持儒家學術觀提出的

〔註208〕孫貴珠：〈唐代音樂詩研究〉，頁 79。

「麗則」作爲辭賦批評之觀點，「則」，《爾雅》釋爲「法也，常也」，即法度、規則之意，是對辭賦聲形靡麗之美的一種約束和規範。劉勰在《文心雕龍‧詮賦》中將此論點發展，提出「義必明雅」，認爲「雅義」是「立賦之大體」重要內涵之一。唐代繼續繼承此一辭賦的藝術傳統。

如白居易在〈賦賦〉中云：

> 我國家恐文道寖衰，頌聲陵遲。乃舉多士，命有司。酌遺風於三代，明變雅於一時。全取其名，則號之爲賦；雜用其體，亦不出乎詩。
>
> 四始盡在，六義無遺。是謂藝文之儆策，述作之元龜。〔註209〕

把律賦的特點稱爲「四始盡在，六義無遺」，不脫離傳統儒家文論及《詩》教範疇。

唐音樂賦創作事實，即無論科考或個人創作，大多作品爲儒家經義闡述，包括題目、限韻、主題、典故等，常從儒家經典中取義。如〈審樂知政賦〉、〈功成作樂賦〉、〈南風之薰賦〉等等，是唐代儒家政教文化對文學審美風格產生的影響。

因此，唐賦之「雅」便被概括爲「有度」，即表現出符合法度的「詞采」、「宮律」、和「章句」。〔註210〕除字句錘煉外，「雅」在聲律用韻的要求上也有直觀的表現。唐律賦聲律之「雅」，如白居易〈賦賦〉中所言，必須「雅音瀏亮」。「雅音」的基本要求就是要追求聲律諧和，避免聲病之累。劉勰講求「宮商大和」，忌「失黃鐘之正響」是一致的。當然，諧和聲韻僅是最淺層的要求，並不足以涵蓋「雅音」的全部意義。「雅音」即雅聲、正聲，實質上是要求賦文本遵循「聲不失序」的法度。從這個意義上講，「雅音」更有一種追求「古雅」的深層意味。尤其唐代律賦形成「以雅正爲宗」的品格及準繩，後世均以此作爲評論的標準。

元稹、白居易之作最重「古雅」，如元稹〈奉制試樂爲御賦〉採用傳統辭賦的問答體，且對句多用長句。這種「以古賦爲律賦」的手法也常爲論家所稱道。唐後賦論常贊元、白之作「句長而氣甚流走」，正如李調元所說：「律賦多有四六，鮮有作長句者。破其拘攣，自元、白始。」作家參照古文句式進行創作，打破了駢儷對句對聲律的限制，使賦作如古文般氣韻流動，此思

〔註209〕《全唐賦》，卷35，頁3183。
〔註210〕姜子龍、詹杭倫：〈唐代律賦的「雅」與「麗」〉，《中州學刊》，（2009年1月1期），頁200～204。

潮目的就是要在藝術上追求一種體貌與聲律的雙重復古。

參、以麗爲美

　　辭賦之「麗」源自漢代對楚騷批評。如《史記》、《漢書》中多處指稱司馬相如賦的「弘麗」；王充於《論衡‧定賢》中稱司馬相如、揚雄賦爲「巨麗」；劉勰〈辨騷〉篇中論〈離騷〉、〈九章〉「朗麗」；〈九歌〉、〈九辯〉「綺靡」；〈遠遊〉、〈天問〉懷詭；〈招魂〉、〈大招〉「耀豔」，稱其「驚采絕豔」。〔註211〕這一系列風格特徵，均爲辭賦之「麗」的繼承。

　　魏晉六朝辭賦之「麗」是對漢時定制的「雅」規範的一種突破，在文體上體現爲駢賦的興盛，「麗」之風格得到弘揚與發展。曹丕「詩賦欲麗」之論，將「麗」看成文學作品的靈魂與生命。陸機〈文賦〉中將詩賦的「綺靡」與「瀏亮」的風格對舉。劉勰在〈詮賦〉篇認爲辭賦要求鋪采搞文、體物寫志，而物以情觀，故詞必巧麗。〔註212〕從六朝辭賦的創作觀之，「麗」沿習深遠，加之「四聲八病」說的薰染，終於使辭賦之「麗」具備了體貌與聲律這兩大文體的風格內涵，直接影響到唐代音樂賦的創作。

　　李調元《雨村賦話》言「唐人琢句，雅以流麗爲宗」可概括唐賦「麗」的風格。而從體制上看，律賦篇幅大多不超過五百字，屬「小賦」範疇；在手法上，「工細入微」、「指物呈形」爲重要的創作準繩；在藝術風貌上，晚唐與六朝均屬時代的末葉，歷史大環境相似，使兩個時期的文學創作產生共同的唯美傾向，表現纏綿悱惻的柔性美。但畢竟晚唐是歷經鼎盛的大一統帝國的末葉，當時文士心理除末世盛行的哀怨感傷外，還增添了一種理性的反思。這促成不同於六朝之「麗」的另一種文學風格的生成。其風格的生成是以「麗」爲根基，不排斥字句的雕琢，而是追求「刻琢中仍帶清勁」的藝術品概。反映在辭賦創作上就是唐律賦的「清麗」。〔註213〕浦銑認爲「作小賦

〔註211〕　《文心雕龍‧辨騷》：「故〈騷經〉、〈九章〉，朗麗以哀志；〈九歌〉、〈九辯〉，綺靡以傷情；〈遠遊〉、〈天問〉，瓌詭而惠巧；〈招魂〉、〈招隱〉，耀豔而深華；〈卜居〉標放言之致，〈漁父〉寄獨任之才。故能氣往轢古，辭來切今，驚采絕豔，難與並能矣。」〔梁〕劉勰：《文心雕龍》，卷1，頁10～11。

〔註212〕　《文心雕龍‧詮賦》：「賦者，鋪也，鋪采搞文，體物寫志也。昔邵公稱：『公卿獻詩，師箴賦』。……情以物興，故義必明雅；物以情觀，故詞必巧麗。麗詞雅義，符采相勝，如組織之品朱紫，畫繪之著玄黃。」〔梁〕劉勰：《文心雕龍》，卷2，頁6、8。

〔註213〕　姜子龍、詹杭倫：〈唐代律賦的「雅」與「麗」〉，頁200～204。

不嫌纖巧」之論述，爲唐律賦之「麗」提供了文體意義上的理論依據。無論是揚雄的「麗則」，還是劉勰的「麗詞雅義」，都是在辭賦之麗基礎上建構以雅爲本、以麗爲輔的二元風格規範。唐代賦加以繼承，如唐代科舉中的制舉科目，據清人徐松《登科記考》載，開元二年（714 年）、十年（722 年）、天寶十三載（754 年）年間制舉中有文藻宏麗科，開元七年（719 年）、二十六年（738 年）有文詞雅麗等科。唐德宗建中元年（780 年）頒布的〈即位求賢詔〉提出科選「文詞清麗」士，是年設立「文詞清麗」科。又如白居易推崇「華而不絕，美而有度」。而由此可知，「清麗」風格在中唐時就已形成，但它與中唐的一片「雅正」之音相比，自然顯得聲息微弱，直到晚唐才得以凸顯。

自先秦至唐代，辭賦文體逐漸趨於完備，這過程也是辭賦「雅」與「麗」兩風格不斷調整之過程。辭賦在楚騷時代，「麗」是辭賦風格要素。西漢時「麗」的辭賦風格開始受到修正與約束。在儒家詩教的「雅」、「勸百諷一」、「不盡風雅」說法中漸受到壓抑。唐代賦文學批評史，歷代賦論、賦話均崇尚「以雅正爲宗」的品格，這些賦論、賦話大多以闡述如何創作「應制」之體爲目的。對「繁密」、「纖巧」的作品較不受青睞，「雅正」風格的作品大多得到推崇。此爲賦體文學批評中，確立「以雅正爲宗」的過程。

第七章　結　論

　　本章提出本論文「唐代音樂賦之思想研究」階段性的研究成果與結論，並對未來研究的方向提出具體可行的展望與建議。

第一節　研究成果

　　歸納唐代音樂賦的發展及所呈現思想理論，有下列幾點：

一、探討唐代音樂賦發展背景

　　唐代音樂賦能高度發展，遠因爲對漢魏六朝音樂賦的繼承及擴展。由於先唐音樂賦在文學上正面的價值與意義，積極引導唐賦在音樂領域的創作，除音樂美學思想方面，在作品內容包括命題、表現手法等，皆有所繼承及開拓。近因爲唐代宮廷音樂與賦文學的高度發展，唐王朝國力強盛、政治穩定、社會安足、經濟繁榮。更由於帝王在文學方面的提倡，賦體文學有健全發展的環境。宮廷中規模完備的樂舞機構、兼容並蓄的樂舞精神，造就大唐音樂繁盛的氣象。音樂活動自上而下，影響貴族、文人、藝伎之音樂觀念，並吸引文人參與，從豐富音樂活動經驗中擷取材料，爲音樂賦的創作提供表現空間。此外，科舉不乏以音樂爲題的試賦，治世的繁榮，鼓舞士子建立功業的期望，士子爲科考不斷習作，提高音樂賦的數量。對於唐代音樂賦之繁盛，有其不容忽視之作用。

　　唐代音樂賦各類不同題材作品大量出現，諸如闡述樂理、表達音樂思想、反映音樂文化活動、描寫具體樂曲、鋪陳附會古今樂壇奇聞逸事等等。就題材言，唐代音樂賦涉及音樂領域的各個方面，展現時代音樂的文化面

貌。文人對各類音樂欣賞的接受度及開闊的藝術審美視野，使音樂賦題材大爲拓寬。

二、描述唐代音樂賦之樂教及思想

唐代音樂教育的完備表現在宮廷設立音樂教育機構及樂部，音樂教育主要的對象爲參與音樂活動的樂伎；樂部中質量精美的樂器，展現國家完備的音樂教學設備；教學的內容多樣，涵蓋所有宴饗及儀式所表演的樂舞曲目；音樂教育目的，不在於爲國家培養禮樂治國之官吏，而是爲宮廷音樂祭祀、饗宴活動需要，培養音樂表演人才，其功能爲宮廷貴族享樂服務，體現藝術技術至上的教育觀念。

從唐音樂賦中探求，作品對唐當代的教育制度的關注，爲對於太常雅樂的樂器設備或活動、宮庭慶典祭祀音樂及樂舞作敘述。音樂教育內容方面，著重於政治與「雅樂」實踐，包括教育對象及參與樂官等，皆推崇周朝禮樂教育制度。將焦點置於先秦時期的音樂制度的鋪陳及描寫，宣揚儒學「樂德」之教，把以德爲美的審美意識表現在音樂賦中。唐代音樂賦所表現的樂教思想，不以享樂之樂曲表演爲寫作重點，鼓吹盛世太平、歌功頌德才是賦作主要的寫作目的。

三、呈現唐代音樂賦之道家思想

唐代音樂中融合了道教音樂的風格內容，主要與宮廷音樂有關。唐代帝王以老子爲先祖，尊崇道教有明顯的政治意圖。在音樂思想理論上，道家的「大音」、「天籟」所主張的是與人爲禮樂相對而眞正符合自然之情的音樂。在生活實踐上，主張清淨無爲、恬淡自然的本質追求。宮廷中崇尚道家思想，表現在樂舞活動，且呈現於唐音樂賦中。此外，儒、道、釋思想在魏晉以後的音樂思想發展過程中呈現相互濡染，在唐音樂賦中亦有表現。

四、表現唐代音樂賦之儒家思想

歸納唐音樂賦儒家思想的敘述，繼承先秦以來儒家發展的傳統，強調音樂「善」與「美」的價值、辯證音樂之正德與淫溺、闡發儒家樂治思想、表現音樂移風易俗上的功用、強調音樂與建國的關係和審音知政的政治功能。

唐音樂賦表彰三代，認爲音樂最根本的依據，在於是否遵從「禮」的規範。凡是符合禮的規範，就是雅樂，就是德音。從音樂所反映的思辨，可以

論證心象的抽象義涵及音樂與人性的關係；從本體論的角度，引申出儒、釋、道三家的特徵及濡染。思維上仍不脫離漢儒在音樂思想上對於五音律呂與陰陽五行、節氣變化、王者治道的附會。進而發現唐代在音樂演奏、音樂創作等方面雖然繽紛，但在音樂賦所表現之音樂思想上，仍遵循傳統儒家樂教思想，將音樂視為具有端正人心、移風易俗、規範儀節等教化功能。在當代純音樂技術、技巧精進的同時，唐音樂賦補強了道德內涵的傳統，亦不失為唐音樂賦的價值功能。

五、歸納唐代音樂賦之美學及思想

本論文對於唐音樂賦在美學思想的分析，分為四個部分討論：

音樂賦與音樂詩表現方式比較方面，從作品統計觀察中，有音樂鑑賞能力的作者，較喜愛創作音樂詩而少用賦來書寫其音樂志趣。在以「體物」為題材的作品，除了古詩之外，詩的篇幅較短，不易作完整描述，但對情感抒情表達較賦更豐富。賦有篇幅上的優勢，對物的描寫比詩詳盡，但對樂語描寫不夠精確，於藝術領域的概念較模糊。在創作動機上，音樂詩以生活經驗及感知為主題較具體，對純藝術的描寫較精確，對音樂的情感亦較深厚；音樂賦重經籍及典故的熟稔度，主題較空泛，對純藝術的描寫較弱，對於情感的表達亦較少見。

唐音樂賦在文學領域，就形式美感表現方面，追求文字、內容、結構等之美。唐音樂賦不論駢賦或律賦，在形式上與其他主題之唐駢賦、律賦所依循的規律相同，對偶、聲韻、辭藻運用技巧也相似。主要的不同點在於以音樂為主題，文中所引用的故實、成詞，也以音樂類為主，並以音響感知的書寫、音樂「義理」的譬喻為創作手法，為唐音樂賦形式上的審美形態。

「偏向技藝」客觀的音樂鑑賞，有助於深度體會音樂，較精準的理解樂曲及體會演奏者的情感。對唐音樂賦作品分析的結果，包括對樂人、樂曲的詮釋，樂器質材、制作、分類及演奏方式的理解，音樂賦不以音樂的「符號」來申論，而是以字面上的音樂「語言」作為支持，較無音樂專業術語陳述，而以文學形式為前提表現音樂的審美理想。

當文人將音樂的鑑賞以賦體形式落實於文字時，代表賦體文學與音樂美學在審美意念上的結合。唐代音樂賦呈現的審美觀點，綜而言之可歸納為以和為美、以雅正為美、以麗為美三者。音樂審美理想，不僅僅是在音樂形式

或音樂結構上追求完美，還必須是人與社會的理想實現。

中國傳統文化藝術思想以儒、道兩家的見解爲主要內容，先秦的音樂思想隨著後世文化發展與應用，音樂的美感效應與象徵性作用落實在音樂教育上並廣泛應用到社會人文活動中。藝術文化式微時，會建構較多的理論來支撐美學傳承；音樂活動興盛時，由於有具體活絡的音樂實踐，增強純音樂技巧的追求，理論的論述及建立相對較薄弱。唐代的音樂活動不論在官方或民間皆極爲繁盛，展現音樂的鏡頭容易搜尋，而其內在思維則需從文獻中多作思量。本論文以賦爲文學領域的研究文本，以音樂作爲藝術領域討論的對象與主題，對音樂與文學的和諧性及其對音樂環境、文學思考所展現的融合互補、影響與效應，從思想的角度作出結論。

第二節　未來展望

至目前止海峽兩岸對唐代音樂賦的研究數量上很少，本論文針對唐音樂賦之思想進行研究，研究的過程中不斷的檢討與修正，雖有粗淺的成果，限於學力不足，尚有許多論題無法深究，仍有一些值得努力的空間，可供往後研究的參考。

一、唐代音樂賦之整體研究

關於音樂賦的整體研究，大致可分爲幾個方向，例如音樂賦的起源與發展、編纂與賞析、體裁研究、題材研究、藝術形式表現等等。近年來對於先唐音樂賦的關注不少，也累積了一些著作，唐代音樂賦可以在先唐音樂賦的基礎上，作類似的討論與研究。例如探討唐代音樂賦的體制內容、創作程式、修辭技巧、音韻規則等文學表現，或是審美思想、藝術功能等美學層面探析，或將文學特徵與音樂詮釋連結討論，闡發唐代音樂賦不同於先唐音樂賦之多元面貌。

二、唐代音樂賦之分類藝術研究

音樂的概念涵蓋樂器、舞蹈、歌唱等意涵，此觀念也反映在唐代音樂賦中。對於音樂賦的整體研究雖有助於提升對唐音樂賦的關注，但過於廣泛，無法凸顯不同藝術類型創作的特色。因此，可深究音樂賦的音樂類型，例如

樂器賦、樂舞賦、歌賦、樂種賦等等，兼顧文學與音樂、歌唱、舞蹈、史學等理解，討論不同類型的藝術給予賦家何種不同的感受及審美經驗，作跨領域的研究。

三、唐代音樂賦之比較研究

文類的比較，例如音樂詩與音樂賦的比較，或者細分為樂器賦與樂器詩、樂舞賦與樂舞詩，更細分如琵琶賦與琵琶詩等等的比較。亦可以在相同題材上作不同文類的詮釋，例如「霓裳羽衣賦」在賦與詩、賦與散文、賦與戲曲、賦與小說等等關係上的研究。除了可以理解不同文類的創作特色，亦能呈現不同的審美情趣。

四、音樂賦「史料」整理與考證

賦學中音樂史料的整理與考證，有助於對音樂賦的解讀。結合文獻學、考古學、中國音樂學與舞蹈理論的方式來分析音樂賦作品中的音樂資料。例如將音樂賦中提及之樂器、舞蹈、歌曲、樂曲、樂人等加以考證，還原唐代音樂賦的古典原貌。對於南北音樂的傳承、禮樂制度的印證，或是對當代樂舞、樂器、百戲、歌唱等藝術種類及演出情況作一分析，藉之作為文本解讀以闡發作品的意涵。

音樂賦是以文學詮釋音樂，除了文學的探討，亦要關注到音樂的層面，唯有音樂與文學的雙重視野，才能發掘音樂賦的核心內涵。為學不容易，實現一個想法更不容易。研究的限制很多，經籍浩瀚，涉獵不足的部分更多，不足之處尚需努力，僅期望以此論文，激發學界對唐代音樂賦更多的研究興趣。

參引文獻

一、古籍

經部

1. 《周易正義》，(阮元刻《十三經注疏》本，臺北：藝文印書館，1976年)。

2. 《尚書正義》，(阮元刻《十三經注疏》本，臺北：藝文印書館，1976年)。

3. 《尚書今註今譯》，屈萬里，(臺北：臺灣商務，1969年)。

4. 《毛詩正義》，(阮元刻《十三經注疏》本，臺北：藝文印書館，1976年)。

5. 《韓詩外傳》，〔漢〕韓嬰，(臺北：藝文印書館《百部叢書集成》影印《畿輔叢書》本)。

6. 《周禮注疏》，(阮元刻《十三經注疏》本，臺北：藝文印書館，1976年)。

7. 《儀禮注疏》，(阮元刻《十三經注疏》本，臺北：藝文印書館，1976年)。

8. 《禮記正義》，(阮元刻《十三經注疏》本，臺北：藝文印書館，1976年)。

9. 《月令章句》，〔漢〕蔡邕著，〔清〕王謨輯，(臺北：藝文印書館《華菁叢書·漢魏遺書鈔本》)。

10. 《春秋左傳正義》，(阮元刻《十三經注疏》本，臺北：藝文印書館，1976年)。

11. 《春秋繁露》，〔漢〕董仲舒，(臺北：藝文印書館《百部叢書集成》影印《畿輔叢書》本)。

12. 《孝經注疏》，(阮元刻《十三經注疏》本，臺北：藝文印書館，1976年)。

13. 《論語注疏》，(阮元刻《十三經注疏》本，臺北：藝文印書館，1976年)。

14. 《孟子注疏》，(阮元刻《十三經注疏》本，臺北：藝文印書館，1976年)。

15. 《四書章句集注》，〔宋〕朱熹，(北京：中華書局，1983年)。

16. 《四書讀本》，〔清〕蔣伯潛，(臺北：啟明書局印行，1952年)。

17. 《中庸古本旁釋》，〔明〕王文祿，(臺北：藝文印書館《百部叢書集成》影印《百陵學山》本)。

18. 《樂論》，〔晉〕阮籍著，〔清〕王謨輯，(臺北：藝文印書館《華菁叢書‧漢魏遺書鈔本》)。

19. 《樂書》，〔宋〕陳暘，(臺北：臺灣商務印書館《四庫全書珍本》)。

20. 《樂緯》，〔清〕黃奭輯，(臺北：藝文印書館《漢學堂叢書》本)。

21. 《爾雅》，(臺北：藝文印書館《百部叢書集成》影印《五雅全書》本)。

22. 《說文解字注》，〔漢〕許慎撰，〔清〕段玉裁注，(臺北：黎明文化事業有限公司，1986年)。

23. 《經義述聞》，〔清〕王引之，(上海：上海古籍出版社《續修四庫全書》據王氏京師本影印，1995年)。

史部

1. 《史記》，〔漢〕司馬遷，(臺北：藝文印書館影印武英殿本，2005年)。

2. 《前漢書》，〔漢〕班固撰，〔唐〕顏師古注，(臺北：臺灣商務印書館《景印文淵閣四庫全書》本據國立故宮博物院藏本影印，1983年)。

3. 《後漢書》，〔劉宋〕范曄著，〔唐〕李賢等注，(臺北：藝文印書館影印武英殿本)。

4. 《後漢書》，〔劉宋〕范曄著，〔唐〕李賢注，(臺北：臺灣商務印書館百衲本二十四史影印宋紹興刊本，1976年)。

5. 《三國志集解》，〔晉〕陳壽撰，〔宋〕裴松之注，〔民國〕盧弼集解，(臺北：藝文印書館)。

6. 《晉書》，〔唐〕房玄齡，(臺北：藝文印書館影印武英殿本)。

7. 《宋書》，〔梁〕沈約，(臺北：藝文印書館影印武英殿本)。

8. 《梁書》，〔唐〕姚思廉，(臺北：藝文印書館影印武英殿本)。

9. 《隋書》，〔唐〕魏徵，(臺北：藝文印書館影印武英殿本)。

10. 《舊唐書》，〔後晉〕劉昫，(臺北：藝文印書館影印武英殿本)。

11. 《新唐書》，〔宋〕歐陽脩、宋祁，（臺北：藝文印書館影印武英殿本）。

12. 《資治通鑑》，〔宋〕司馬光，（臺北：臺灣商務印書館《四部叢刊》初編縮本，1975 年）。

13. 《世本》，〔漢〕宋衷注，（臺北：藝文印書館《百部叢書集成》影印《問經堂叢書》本）。

14. 《國語》，〔東吳〕韋昭解，（臺北：藝文印書館《百部叢書集成》影印《士禮居叢書》本）。

15. 《貞觀政要》，〔唐〕吳兢，（臺北：臺灣商務印書館《四部叢刊》影印明成化刊本，1966 年）。

16. 《水經注》，〔北魏〕酈道元，（臺北：藝文印書館《百部叢書集成》影印《聚珍版叢書》本）。

17. 《唐六典》，〔唐〕張九齡，（臺北：臺灣商務印書館《四庫全書珍本》）。

18. 《通典》，〔唐〕杜佑，（臺北：臺灣商務印書館《景印文淵閣四庫全書》本據國立故宮博物院藏本影印，1983 年）。

19. 《唐會要》，〔宋〕王溥，（臺北：藝文印書館《百部叢書集成》影印《聚珍版叢書》本）。

20. 《登科記考》，〔清〕徐松，（上海：上海古籍出版社《續修四庫全書》影印《南菁書院叢書》本，1995 年）。

21. 《登科記考補正》，孟二冬，（北京：燕山出版社，2003 年）。

22. 《別錄》，〔漢〕劉向，（臺北：藝文印書館《百部叢書集成》影印《經典集林》本）。

子部

1. 《孔子家語》，〔魏〕王肅，（臺北：黎明文化事業有限公司，1996 年）。

2. 《荀子集解》，〔清〕王先謙，（臺北：藝文印書館，光緒辛卯刊本，2007 年）。

3. 《荀子集解》，〔清〕王先謙，沈嘯寰、王星賢點校，（北京：中華書局，1988 年）。

4. 《新語》，〔漢〕陸賈，（臺北：藝文印書館《四庫善本叢書》）。

5. 《鹽鐵論》，〔漢〕桓寬，（臺北：藝文印書館《百部叢書集成》影印《岱南閣叢書》本）。

6. 《鹽鐵論校注》，〔漢〕桓寬，王利器校注，（北京：中華書局，1992 年）。

7. 《說苑》，〔漢〕劉向，（臺北：藝文印書館《百部叢書集成》影印《漢魏叢書》本）。

8. 《法言》，〔漢〕揚雄，（臺北：藝文印書館《百部叢書集成》影印《漢魏叢書》本）。

9. 《法言義疏》，汪寶榮撰：（臺北：藝文印書館，1968 年）。

10. 《管子》，〔唐〕房玄齡注，（臺北：臺灣商務印書館《四部叢刊》初編縮本，1975 年）。

11. 《管子集校》，郭沫若、許維遹，（香港：龍門書店，1973 年）。

12. 《韓非子》，（臺北：臺灣商務印書館《四部叢刊》初編縮印明嘉靖刊本，1975 年）。

13. 《韓非子集解》，〔清〕王先慎，鍾哲點校，（北京：中華書局，2003 年）。

14. 《韓非子新校注》，陳奇猷校注，（上海：上海古籍出版社《中華要籍集釋叢書》本）。

15. 《琴操》，〔漢〕蔡邕，（臺北：藝文印書館《百部叢書集成》影印《平津館叢書》本）。

16. 《羯鼓錄》，〔唐〕南卓，（臺北：藝文印書館《百部叢書集成》影印《守山閣叢書》本）。

17. 《樂府雜錄》，〔唐〕段安節，（臺北：藝文印書館《百部叢書集成》影印《守山閣叢書》本）。

18. 《嘯旨》，〔唐〕孫廣，（臺北：藝文印書館《百部叢書集成》影印《陽山顧氏文房》本）。

19. 《淮南子》，〔漢〕劉安，（臺北：臺灣商務印書館《四部叢刊》初編縮印影鈔北宋本，1975 年）。

20. 《淮南鴻烈集解》，劉文典撰，馮逸、喬華點校，（北京：中華書局，1989 年）。

21. 《淮南子集釋》，何寧，（北京：中華書局，1998 年）。

22. 《呂氏春秋》，呂不韋，（臺北：藝文印書館《百部叢書集成》影印《經訓堂叢書》本）。

23. 《呂氏春秋新校釋》，陳奇猷，（上海：上海古籍出版社，2002 年）。

24. 《顏氏家訓》，〔北齊〕顏之推，（臺北：藝文印書館《百部叢書集成》影印《抱經堂叢書》本）。

25. 《顏氏家訓集解》，王利器，（北京：中華書局，2002 年）。

26. 《獨斷》，〔漢〕蔡邕，（臺北：藝文印書館《百部叢書集成》影印《百川學海》本）。

27. 《容齋隨筆》，〔宋〕洪邁，（臺北：臺灣商務印書館續編《四部叢刊本》，1966 年）。

28. 《白虎通》，〔漢〕班固，（臺北：藝文印書館《百部叢書集成》影印《抱經堂叢書》本）。

29. 《學齋佔畢》，〔宋〕史繩祖，（北京：中華書局，1985 年）。

30. 《論衡》，〔漢〕王充，（臺北：藝文印書館《百部叢書集成》影印《漢魏叢書》本）。

31. 《齊東野語》，〔宋〕周密，（臺北：藝文印書館《百部叢書集成》影印《學津討原》本）。

32. 《風俗通義》，〔漢〕應劭，（臺北：藝文印書館《百部叢書集成》影印《兩京遺編》本）。

33. 《封氏聞見記》，〔唐〕封演，（臺北：藝文印書館《百部叢書集成》影印《畿輔叢書》本）。

34. 《夢溪筆談》，〔宋〕沈括，（臺北：藝文印書館《百部叢書集成》影印《學津討原》本）。

35. 《十駕齋養新錄》，〔清〕錢大昕，（臺北：廣文，1968年）。

36. 《初學記》，〔唐〕徐堅等撰，（臺北：臺灣商務印書館《景印文淵閣四庫全書》本據國立故宮博物院藏本影印，1983年）。

37. 《冊府元龜》，〔宋〕王欽若，（臺北：臺灣商務印書館《景印文淵閣四庫全書》本據國立故宮博物院藏本影印，1983年）。

38. 《淵鑑類函》，〔清〕張英、王士禛等撰，（上海：上海古籍出版社，2008年）。

39. 《漢魏遺書鈔》，〔清〕王謨，（臺北：藝文印書館影印《叢書菁華》本）。

40. 《明皇雜錄》，〔唐〕鄭處誨，（臺北：藝文印書館《百部叢書集成》影印《守山閣叢書》本）。

41. 《教坊記》，〔唐〕崔令欽，（臺北：藝文印書館《百部叢書集成》影印《古今說海》本）。

42. 《教坊記箋訂》，〔唐〕崔令欽，任半塘箋訂，（臺北：宏業書局，1973年）。

43. 《唐語林》，〔宋〕王讜，（臺北：藝文印書館《百部叢書集成》影印《守山閣叢書》本）。

44. 《山海經》，〔晉〕郭璞，（臺北：藝文印書館《百部叢書集成》影印《經訓堂叢書》本）。

45. 《山海經箋疏》，〔晉〕郭璞撰，〔清〕郝懿行箋疏，（臺北：臺灣古籍出版社，1998年）。

46. 《異苑》，〔劉宋〕劉敬叔，（臺北：臺灣商務印書館《景印文淵閣四庫全書》本據國立故宮博物院藏本影印，1983年）。

47. 《唐闕史》，〔唐〕高彥休，（臺北：臺灣商務印書館《景印文淵閣四庫全書》本據國立故宮博物院藏本影印，1983年）。

48. 《獨異志》，〔唐〕李冗，（臺北：藝文印書館《百部叢書集成》影印《稗

海》本）。

49. 《酉陽雜俎》，〔唐〕段成式，（臺北：臺灣商務印書館《景印文淵閣四庫全書》本據國立故宮博物院藏本影印，1983 年）。

50. 《唐國史補》，〔唐〕李肇，（臺北：藝文印書館《百部叢書集成》影印《學津討原》本）。

51. 《唐摭言》，〔五代〕王定保，（臺北：藝文印書館《百部叢書集成》影印《學津討原》本）。

52. 《楊太眞外傳》，〔宋〕樂史，（上海：上海古籍出版社《續修四庫全書》據明弦歌精舍如隱草堂刻本影印，1995 年）。

53. 《警世通言》，〔明〕馮夢龍，（上海：上海古籍出版社《續修四庫全書》據《黃岡王氏》刻本影印，1995 年）。

54. 《高僧傳》，〔梁〕慧皎，（臺北：藝文印書館《百部叢書集成》影印《海山仙館叢書》本）。

55. 《大方等大集經》，〔北涼〕三藏曇無讖譯，（臺北：新文豐景印高麗大藏經，1982 年）。

56. 《大寶積經》，〔唐〕三藏菩提流志譯，（臺北：新文豐景印高麗大藏經，1982 年）。

57. 《雜阿含經》，〔唐〕三藏法師玄奘譯，（臺北：密乘佛學會，1996 年）。

58. 《中論》，龍樹菩薩造，梵志青目釋，姚秦三藏鳩摩羅什譯，（維基文庫，自由的圖書館，2011 年 10 月 12 日線上資料）。

59. 《老子道德經》，〔曹魏〕王弼注，（臺北：藝文印書館《百部叢書集成》影印《聚珍版叢書》本）。

60. 《莊子》，〔晉〕郭象注，（臺北：藝文印書館，2007 年）。

61. 《莊子集釋》，〔清〕郭慶藩，王孝魚點校，（北京：中華書局，1985 年）。

62. 《列子》，嚴靈峰編撰，（臺北：藝文印書館《無求備齋列子集成》影印《正統道藏》本，1971 年）。

63. 《列子集釋》，楊伯峻，（北京：中華書局，1985 年）。

64. 《正統道藏》，白雲觀長春眞人編纂，（臺北：新文豐出版社，1995 年）。

集部

1. 《楚辭》，〔漢〕王逸，（臺北：藝文印書館《百部叢書集成》影印清光緒趙尚輔校刊《湖北叢書》本）。

2. 《阮籍集校注》，〔魏〕阮籍撰，陳伯君校注，（北京：中華書局，1987 年）。

3. 《嵇中散集》，〔晉〕嵇康，（臺北：臺灣商務印書館《景印文淵閣四庫全書》本據國立故宮博物院藏本影印，1983 年）。

4. 《新校元次山集》，楊家駱編，（臺北：世界書局，1984 年）。

5. 《昌黎先生文集》，〔唐〕韓愈，（上海：古籍出版社《宋蜀刻本唐人集叢刊》據北京圖書館藏宋蜀刻本影印，1994 年）。

6. 《白氏長慶集》，〔唐〕白居易，（臺北：藝文印書館，1971 年）。

7. 《空同集》，〔明〕李夢陽，（臺北：臺灣商務印書館《四庫全書珍本》，1978 年）。

8. 《青溪集》，〔清〕程廷祚，（臺北：大西洋出版《金陵叢書》本，1970 年）。

9. 《文選》，〔梁〕蕭統，（臺北：藝文印書館《宋淳熙》本重雕鄱陽胡氏版，2007 年）。

10. 《文選》，〔梁〕蕭統著，〔唐〕李善注，（臺北：臺灣商務印書館《萬有文庫薈要》本，1965 年）。

11. 《古文苑》，〔宋〕章樵注，（臺北：藝文印書館《百部叢書集成》影印《守山閣叢書》本）。

12. 《全上古三代秦漢三國六朝文》，〔清〕嚴可均，（上海：上海古籍出版社《續修四庫全書》據《黃岡王氏》刻本影印，1995 年）。

13. 《文苑英華》，〔宋〕李昉等編纂，（臺北：新文豐出版社影印明隆慶本，1979 年）。

14. 《文苑英華辨證》，〔宋〕彭叔夏，（臺北：臺灣商務印書館《景印文淵閣四庫全書》本據國立故宮博物院藏本影印，1983 年）。

15. 《樂府詩集》，〔宋〕郭茂倩，（臺北：臺灣商務印書館，1968 年）。

16. 《全唐文》，〔清〕董誥等編，（上海：上海古籍出版社，1995 年）。

17. 《全唐詩》，清聖祖御定，（臺北：文史哲出版，1987 年）。

18. 《先秦漢魏晉南北朝詩》，逯欽立輯校，（北京：中華，1983 年）。

19. 《古賦辨體》，〔元〕祝堯，（臺北：臺灣商務印書館《四庫全書珍本》，1976 年）。

20. 《歷代賦彙》，〔清〕陳元龍，（北京：北京圖書館出版社，1999 年）。

21. 《歷朝賦格》，〔清〕陸葇，（濟南：齊魯書社，1997 年）。

22. 《文心雕龍》，〔梁〕劉勰，（臺北：藝文印書館《百部叢書集成》影印《兩京遺編》本）。

23. 《文心雕龍義證》，詹鍈，（上海：上海古籍出版社，1989 年）。

24. 《詩品》，〔梁〕鍾嶸著，徐達譯注，（臺北：臺灣古籍出版，1997 年）。

25. 《四六話》，〔宋〕王銍，（臺北：臺灣商務印書館《叢書集成簡編》，1965 年）。

26. 《唐詩紀事》，〔宋〕計有功，（臺北：臺灣中華書局，1981 年）。

27. 《唐音癸籤》，〔明〕胡震亨，（臺北：臺灣商務印書館《四庫全書珍本》，1972 年）。

28. 《藝苑巵言》，〔明〕王世貞，（濟南：齊魯書社，2005 年）。

29. 《賦話》，〔清〕李調元，（臺北：藝文印書館《百部叢書集成》影印《函海》本）。

30. 《歷代賦話校證：附復小齋賦話》，〔清〕浦銑，（上海：上海古籍出版社，2007 年）。

31. 《賦話六種‧復小齋賦話》，〔清〕浦銑，（香港：三聯書店，1986 年）。

32. 《讀賦巵言》，〔清〕王芑孫，《賦話六種》，（香港：三聯書店，1974 年）。

33. 《碧雞漫志》，〔宋〕王灼，（臺北：藝文印書館《百部叢書集成》影印《知不足齋叢書》本）。

二、近人論著

1. 毛水清：《唐代樂人考述》，（北京：東方出版社，2006 年）。

2. 王力主編：《古代漢語》，（北京：中華書局，1998 年）。

3. 王文科、王智弘：《教育研究法》，（臺北：五南圖書出版公司，2009 年）。

4. 王光祈：《中國音樂史》，（桂林：廣西師範大學，2005 年）。

5. 王明居：《唐代美學》，（合肥：安徽大學出版社，2005 年）。

6. 王范之：《呂氏春秋研究》，（呼和浩特：內蒙古大學出版社，1993 年）。

7. 尹占華：《律賦論稿》，（成都：巴蜀書社，2001 年）。

8. 牛龍菲：《敦煌壁畫樂史資料總錄與研究》，（蘭州：敦煌文藝出版社，1996 年）。

9. 白奚：《稷下學研究》，（北京：三聯書店，1998 年）。

10. 朱光潛：《詩論》，（臺北：五南圖書出版公司，2006 年）。

11. 牟鐘鑒：《呂氏春秋與淮南子思想研究》，（濟南：齊魯出版社，1987 年）。

12. 任繼愈：《漢唐佛教思想論集》，（北京：人民出版社，1973 年）。

13. 杜維運：《史學方法論》，（臺北：三民書局，1999 年）。

14. 余丙照：《增註賦學入門》，（臺北：廣文，1979 年）。

15. 余江：《漢唐藝術賦研究》，（北京：學苑出版社，2005 年）。

16. 呂思勉：《歷史研究方法》，（臺北：五南圖書出版公司，2002 年）。

17. 李曰剛：《辭賦流變史》，（臺北：文津出版社，1987 年）。

18. 李美燕：《中國古代樂教思想》，（高雄：麗文文化公司，1998 年）。

19. 李時銘：《詩歌與音樂論稿》，（臺北：里仁書局，2004 年）。

20. 李澤厚、劉綱紀：《先秦美學史》，（臺北：金楓出版社，1987 年）

21. 金開誠：《文藝心理學術語詳解辭典》，（北京：北京大學出版社，1992年）。

22. 侯立兵：《漢魏六朝賦多維研究》，（北京：人民出版社，2007年）。

23. 姜書閣：《駢文史論》，（北京：人民文學出版社，1986年）。

24. 俞紀東：《漢唐賦淺說》，（上海：東方出版社，1999年）。

25. 柏紅秀：《唐代宮廷音樂文藝研究》，（南京：南京大學出版社，2010年）。

26. 胡孚琛主編：《中華道教大辭典》，（北京：中國社會科學出版社，1995年）。

27. 韋政通：《荀子與古代哲學》，（臺北：臺灣商務印書館，1992年）。

28. 徐昌洲、李嘉訓：《古典樂舞詩賞析》，（合肥：黃山書社，1988年）。

29. 徐復觀：《中國藝術精神》，（臺北：臺灣學生書局，1977年）。

30. 修海林、王子初：《樂器》，（臺北：貓頭鷹出版社，2003年）。

31. 馬積高：《賦史》，（上海：上海古籍出版社，1987年）。

32. 馬積高：《歷代辭賦研究史料概述》，（臺北：中華書局，2001年）。

33. 張前：《音樂欣賞心理分析》，（北京：人民音樂出版社，1983年）。

34. 張舜徽：《周秦道論發微》，（臺北：木鐸出版社，1988年）。

35. 張蕙慧：《中國古代樂教思想論集》，（臺北：文津出版社，1991年）。

36. 陳怡良：《田園詩派宗師——陶淵明探新》，（臺北：里仁書局，2006年）。

37. 陳垣編纂：《道家金石略》，（北京：文物出版社，1998年）。

38. 陳鼓應：《易傳與道家思想》，（臺北：臺灣商務印書館，1994年）。

39. 陳鼓應：《道家文化研究》，（香港：三聯書店，1998年）。

40. 許之衡：《中國音樂小史》，（臺北：臺灣商務印書館，1996年）。

41. 許結：《賦體文學的文化闡釋》，（北京：中華書局，2005年）。

42. 曹本冶等編寫，《中國道教儀式音樂史略》，（臺北：新文豐出版公司，1996年）。

43. 曹明綱：《賦學概論》，（上海：上海古籍出版社，1998年）。

44. 黃友棣：《中國音樂思想批判》，（臺北：樂友書房，1975年）。

45. 黃永武：《字句鍛鍊法》，（臺北：洪範書店，2002年）。

46. 黃慶萱：《修辭學》，（臺北：三民書局，1975年）。

47. 黃體培：《中華樂學通論》，（臺北：行政院文化建設委員會，1983年）。

48. 葉至誠：《社會科學概論》，（臺北：揚智出版社，2000年）。

49. 葉維廉：《從現象到表現》，（臺北：東大圖書，1994年）。

50. 萬光治：《漢賦通論》，（成都：巴蜀書社，1989年）。

51. 詹杭倫：《清代賦論研究》，（臺北：臺灣學生書局，2002 年）。

52. 楊蔭瀏：《中國古代音樂史稿》，（北京：人民音樂出版社，1999 年）。

53. 楊隱：《中國音樂史》，（臺北：學藝出版社，1987 年）。

54. 蒲亨強：《神怪禮樂——正統道教科儀研究》，（成都：巴蜀書社，2000 年）。

55. 蒙培元：《中國哲學的詮釋與發展》，（北京：北京大學出版社，1999 年）。

56. 蔣孔陽：《先秦音樂美學思想論稿》，（北京：人民文學出版社，1986 年）。

57. 劉師培，《劉申叔遺書》，（南京：江蘇古籍出版社，1997 年）。

58. 蔡仲德：《中國音樂美學史》，（臺北：藍燈文化事業，1993 年）。

59. 蔡仲德：《中國音樂美學史資料註譯》，（北京：人民音樂出版社，2007 年）。

60. 繆天瑞：《律學》，（北京：人民音樂出版社，1996 年）。

61. 鄺健行：《科舉考試文體論稿·律賦與八股文》，（臺北：臺灣書店，1999 年）。

62. 簡宗梧、李時銘：《全唐賦》，（臺北：里仁書局，2011 年）。

63. 韓高年：《詩賦文體源流新探》，（成都：巴蜀書社，2004 年）。

64. 韓鍾恩：《音樂美學與審美》，（臺北：洪葉文化，2002 年）。

65. 關也維：《唐代音樂史》，（北京：中央民族大學出版社，2006 年）。

66. 龔妮麗：《音樂美學論鋼》，（北京：中國社會科學出版社，2002 年）。

67. 龔鵬程：《文學散步》，（臺北：漢光文化事業公司，1988 年）。

三、譯著

1. Jensen & Jankowski 原著，唐維敏譯：《大眾傳播研究方法》，（臺北：五南圖書出版公司，1996 年）。

2. Robert C.Olub 原著，董之林譯：《接受美學理論》，（板橋：駱駝出版社，1994 年）。

3. 鈴木虎雄撰，殷石臞譯：《賦史大要》，（臺北：正中書局，1967 年）。

4. 蜂屋邦夫著，雋雪豔譯：《道家思想與佛教》，（瀋陽：遼寧教育出版社，2000 年）。

四、期刊論文

1. 于浴賢：〈六朝樂舞賦評述〉，《漳洲師範學院學報》，第 36 期（2000 年）。

2. 王士松：〈兩漢音樂賦研究綜述〉，《安陽師範學院學報》，第 1 期（2007 年）。

3. 王曉衛：〈魏晉的樂賦及當時的看重清音之風〉，《貴州大學學報》，第 21 卷，第 6 期（2003 年）。

4. 史國良：〈兩晉音樂賦審美取向與表現簡析〉，《甘肅高師學報》，第 14 卷，第 4 期（2009 年）。

5. 史國良：〈論兩晉音樂賦的「樂教」思想〉，《青海師範大學學報》，第 34 卷，第 2 期（2012 年）。

6. 成慧慧：〈漢魏六朝樂舞賦的文化闡釋〉，《藝術百家》，第 2 期（2006 年）。

7. 李丹博：〈以「和」爲美——評嵇康琴賦的美學思想〉，《文史哲》，第 275 期（2003 年）。

8. 李丹博：〈附聲測貌、冷然可觀——論王褒〈洞簫賦〉的藝術成就〉，《山西師大學報》，第 30 卷，第 2 期（2003 年）。

9. 李西林：〈唐代音樂繁榮的演變進程及其歷史價值〉，《交響——西安音樂學報》，第 27 卷，第 2 期（2008 年）。

10. 李時銘：〈作樂思想的理論及其實踐〉，《逢甲人文社會學報》，第 6 期（2003 年）。

11. 汪小洋、孔慶茂：〈論律賦的文學性〉，《江蘇廣播電視大學學報》，第 14 卷，第 1 期（2003 年）。

12. 余江：〈〈七發〉——音樂賦的濫觴〉，《青海社會科學》，第 4 期（2001 年）。

13. 余江：〈妙音極樂、自然之和——成公綏〈嘯賦〉論〉，《湖南科技大學學報》，第 8 期（2005 年）。

14. 余江：〈自然至響千秋絕調——嵇康《琴賦》論〉，《暨南大學學報》，第 16 卷，第 6 期（2005 年）。

15. 何沛雄：〈略論漢代騷體賦和散體賦的特點〉，國立政治大學文學院編，《第三屆國際辭賦學學術研討會論文集》，（1996 年）。

16. 邱宏香：〈略論《文選》中的漢代音樂賦〉，《長春師範學院學報》，第 3 卷，第 6 期（2011 年）。

17. 姜子龍、詹杭倫：〈唐代律賦的「雅」與「麗」〉，《中州學刊》，（2009 年 1 月 1 期）。

18. 侯立兵：〈漢魏六朝音樂賦的文化考察〉，《零陵學院學報》，第 25 卷，第 4 期（2004 年）。

19. 苟廷一：〈唐狀元張曙與巴中南龕山麓〈擊甌樓賦並序〉〉，《四川文物》，第 3 期（1998 年）。

20. 段幼平：〈略論陶淵明對「真」的人格和美學追求〉，《九江學院學報（社會科學版）》，第 4 期（2005 年）。

21. 孫鵬：〈漢魏六朝音樂賦整理研究史述略〉，《菏澤師範專科學校學報》，第 26 卷，第 3 期（2004 年）。

22. 孫鵬：〈漢魏六朝音樂賦命名、分類及範疇研究〉，《商丘師範學院學報》，第 24 卷，第 2 期（2008 年）。

23. 夏春：〈淺析傅毅〈舞賦〉〉，《中國古代文學研究》，（2007 年）。

24. 袁虹：〈論唐代音樂賦的尚理傾向〉，《河池學院學報》，第 30 卷，第 3 期（2010 年）。

25. 袁家浚：〈兩篇不應被冷落的音樂短賦〉，《貴州大學學報》，第 4 期（2000 年）。

26. 郭建勳、毛錦群：〈論律賦的文體特徵〉，《中國文化研究》，冬之卷（2007 年）。

27. 郭慧娟：〈漢魏晉樂賦中音樂審美思想分析〉，《東吳中文學報》，第 12 期（2006 年）。

28. 張希濟：〈科舉制度的定義與起源申論〉，《河南大學學報》，第 47 卷，第 5 期（2007 年）。

29. 張新：〈嘆仙律神韻，尋夢幻人文〉，《中華民樂團佛文化音樂會概述》，2012 年。

30. 張巍：〈漢魏六朝音樂賦中的審美思想〉，《船山學刊》，第 64 期（2007 年）。

31. 許結：〈科舉與辭賦：經典的樹立與偏離〉，《南京大學辭賦研究》，（2008 年）。

32. 許志剛、楊允：〈〈洞簫賦〉與〈長笛賦〉文藝思想研究〉，《文學評論》，第 2 期（2010 年）。

33. 商偉：〈論初唐詩歌的賦化現象〉，《北京大學學報》，第 5 期（1986 年）。

34. 陳功文：〈論漢晉音樂賦對楚辭的繼承及演變〉，《許昌學院學報》，第 30 卷，第 4 期（2011 年）。

35. 陳功文：〈論漢晉音樂賦序的價值〉，《江蘇廣播電視大學學報》，第 24 卷（2012 年）。

36. 陳功文：〈論漢晉音樂賦的藝術特色〉，《鎮江高專學報》，第 25 卷，第 1 期（2012 年）。

37. 陳功文：〈論漢晉音樂賦的社會功用〉，《許昌學院學報》，第 29 卷，第 3 期（2012 年）。

38. 陳章錫：〈儒家的音樂思想探源〉，《鵝湖月刊》，第 23 卷，第 7 期（1998 年）。

39. 陳鼓應：〈從《呂氏春秋》到《淮南子》論道家在秦漢哲學史上的地位〉，

《文史哲學報》，第 52 期（2000 年）。

40. 陳鼓應：〈《管子》四篇的心學和氣論〉，《國立臺灣大學哲學論評》，第 22 期（1999 年）。

41. 章雯：〈論《文選》音樂賦〉，《唐山師範學院學報》，第 27 卷，第 6 期（2005 年）。

42. 曹明綱：〈論唐宋賦的尚理傾向〉，《學術研究》，第 3 期（1990 年）。

43. 彭岩：〈成公綏〈嘯賦〉的音樂美學思想初探〉，《湖南科技學院學報》，第 28 卷，第 11 期（2007 年）。

44. 游美惠：〈內容分析、文本分析與論述分析在社會研究的運〉，《調查研究》，第 8 期（2000 年）。

45. 楊允：〈〈長笛賦〉藝術特色探索〉，《渤海大學學報》，第 2 期（2009 年）。

46. 萬志全：〈漢魏六朝琴賦的音樂美學思想〉，《山東師範大學學報》，第 226 期（2009 年）。

47. 廖志超：〈絃外之音——嵇康〈琴賦〉析論〉，《文與哲》，第 8 期（2006 年）。

48. 趙治中：〈阮籍與陶淵明的比較〉，《九江學院學報（哲學社會科學版）》，（2004 年）。

49. 劉元亮：〈漢樂器賦顯示的漢代器樂文化〉，《中國文化研究》，第 5 期（1994 年）。

50. 劉志偉：〈《文選》音樂賦創作程式與美學意蘊發微〉，《西北師大學報》，第 33 卷，第 5 期（1996 年）。

51. 劉琦：〈《文選》音樂六賦三題〉，《長春師院學報》，第 4 期（1995 年）。

52. 劉偉生：〈嵇康〈琴賦〉的理論內涵與價值〉，《船山學刊》，第 70 期（2008 年）。

53. 諸葛文：〈空與色：心即是佛，佛即是心〉，《聽佛學大師講 24 堂人生智慧課：修身養性　心悟人生真諦》，第五課。

54. 鄭志明：〈社區文化的宇宙圖式與神聖空間〉，（臺北：地區發展與環境改造研討會，2001 年）。

55. 薛冬艷：〈虛空之辨，兼及呂溫〈樂出虛賦〉虛空觀的探討〉，《交響——西安音樂學報》，第 24 卷，第 3 期（2005 年）。

56. 謝曉濱、姚品文、陳洁：〈以〈箏賦〉看漢魏六朝的箏樂文化〉，《江西社會科學》，（2009 年）。

57. 韓暉：〈《文選》音樂賦類名與蕭統音樂觀探析〉，《廣西師範大學學報》，第 42 卷，第 3 期（2006 年）。

58. 簡宗梧：〈試論唐賦在文學史上的地位〉，（逢甲大學唐代文化、文學研究

及教學國際學術研討會，2007 年）。

59. 簡宗梧：〈唐律賦之典律〉，《逢甲大學六朝隋唐學術研討會論文集》，（2004 年）。

60. 簡宗梧：〈賦之今昔〉，《重慶工商大學中國韻文學國際學術研討會論文集》，（2002 年）。

61. 簡宗梧：〈試論賦體設辭問對之進程〉，《第六屆國際辭賦學學術研討會》。收入許結主編，《中國賦學》，（南京：江蘇教育出版社，2007 年）。

62. 羅家湘：〈漢賦中的琴瑟〉，《古代文學研究》，第 4 期（2007 年）。

五、學位論文

1. 王士松：〈漢賦中的音樂世界〉，鄭州大學碩士論文，2007 年。

2. 王學玲：〈漢代騷體賦研究〉，中央大學中國文學研究所碩士論文，1996 年。

3. 史國良：〈兩晉音樂賦研究〉，西北師範大學碩士論文，2004 年。

4. 宋豪飛：〈漢魏六朝音樂賦研究〉，暨南大學中國語文學研究所碩士論文，2006 年。

5. 何美諭：〈魏晉樂論與樂賦音樂審美研究〉，成功大學中國文學研究所博士論文，2008 年。

6. 林恬慧：〈先唐樂器賦研究〉，彰化師範大學國文研究所博士論文，2012 年。

7. 孫貴珠：〈唐代音樂詩研究〉，臺灣師範大學國文研究所博士論文，2005 年。

8. 孫鵬：〈漢魏六朝音樂賦研究〉，南京師範大學文學院碩士論文，2005 年。

9. 袁虹：〈唐代音樂賦研究〉，廣西師範大學碩士論文，2008 年。

10. 馬寶蓮：〈唐律賦研究〉，文化大學中國文學研究所博士論文，1992 年。

11. 陳成文：〈唐代古賦研究〉，政治大學中國文學研究所博士論文，1998 年。

12. 彭紅衛：〈唐代律賦的演進及其特徵考論〉，華中師範大學博士論文，2008 年。

13. 黃潔莉：〈魏晉樂律、樂理、樂境抉微〉，成功大學中國文學研究所博士論文，2009 年。

14. 黃韻如：〈漢魏六朝音樂賦研究〉，中央大學國文研究所碩士論文，2011 年。

15. 楊佩螢：〈從六朝樂賦再探文學抒情傳統〉，臺灣師範大學國文研究所碩士論文，2004 年。

16. 董蕊:〈魏晉音樂賦初探〉,北京師範大學碩士論文,2004 年。

17. 趙成林:〈唐賦分體研究〉,武漢大學博士論文,2005 年。

18. 劉貝妮:〈《笙賦》的音樂學研究〉,武漢音樂學院碩士論文,2007 年。

19. 戴伊澄:〈文選音樂類篇研究〉,臺灣師範大學國文研究所碩士論文,2003 年。

附錄：唐代音樂賦作品一覽表

說明：

　　以逢甲大學唐代研究中心與中國人民大學共同編校，里仁書局出版之《全唐賦》為唐賦取材之文本，收錄唐代音樂賦共一百三十篇。

1. 薛收〈琵琶賦〉。卷1，頁51。
2. 虞世南〈琵琶賦〉。卷1，頁64。
3. 李百藥〈笙賦〉。卷1，頁92。
4. 謝偃〈觀舞賦〉應魏王教。卷2，頁135。
5. 謝偃〈聽歌賦〉。卷2，頁138。
6. 楊師道〈聽歌管賦〉。卷2，頁151。
7. 李瓘〈樂九成賦〉。卷4，頁371。
8. 邵軫〈雲韶樂賦〉。卷8，頁781。
9. 達奚珣〈太常觀樂器賦〉。卷8，頁813。
10. 敬括〈觀樂器賦〉。卷9，頁905。
11. 梁洽〈笛聲似龍吟賦〉以「聲之相類有如此者」為韻。卷10，頁948。
12. 梁洽〈吹竹學鳳鳴賦〉。卷10，頁950。
13. 張隨〈無絃琴賦〉以「舜歌南風待絃後發」為韻。卷11，頁1081。
14. 謝良輔〈洪鐘賦〉。卷12，頁1147。
15. 錢起〈千秋節勤政樓下觀舞馬賦〉以「態有餘妍貌無停趣」為韻。卷13，頁1201。
16. 錢起〈洞庭張樂賦〉以「八音克諧天地充滿」為韻。卷13，頁1219。
17. 閻伯璵〈歌賦〉並序。卷14，頁1269。
18. 張階〈無聲樂賦〉以「區宇輯寧時要」為韻。卷15，頁1427。

19. 呂指南〈太常觀樂器賦〉。卷 16，頁 1433。

20. 平洌〈舞賦〉。卷 16，頁 1449。

21. 石鎮〈洞庭張樂賦〉以「八音克諧天地充滿」爲韻。卷 16，頁 1461。

22. 蔣至〈洞庭張樂賦〉以「八音克諧天地充滿」爲韻。卷 16，頁 1467。

23. 王太貞〈鍾期聽琴賦〉有序。卷 16，頁 1503。

24. 鮑防〈歌響遏行雲賦〉。卷 17，頁 1561。

25. 喬潭〈霜鐘賦〉有序。卷 17，頁 1567。

26. 喬潭〈裴將軍劍舞賦〉有序。卷 17，頁 1573。

27. 潘炎〈君臣相遇樂賦〉以「聖作物睹聞〈韶〉喪味」爲韻。並序。卷 18，頁 1631。

28. 潘炎〈童謠賦〉。卷 18，頁 1643。

29. 呂牧〈子擊磬賦〉以「敬明爾志人將辨之」爲韻。卷 18，頁 1669。

30. 高郢〈律筒賦〉。卷 20，頁 1785。

31. 高郢〈獻凱樂賦〉以「獻茲大功陳樂于祖」爲韻。卷 20，頁 1787。

32. 高郢〈吳公子聽樂賦〉以四聲爲韻。卷 20，頁 1789。

33. 高郢〈無聲樂賦〉。卷 20，頁 1791。

34. 鄭錫〈正月一日含元殿觀百獸率舞賦〉。卷 20，頁 1801。

35. 鄭錫〈長樂鐘賦〉。卷 20，頁 1804。

36. 李子卿〈功成作樂賦〉。卷 20，頁 1836。

37. 李子卿〈夜聞山寺鐘賦〉時宿嵩山少林寺。卷 20，頁 1855。

38. 陸贄〈冬至日陪位聽太和樂賦〉以「文德光宅天敬萬壽」爲韻。卷 22，頁 1995。

39. 周存〈太常新復樂懸冬至日薦之圜丘賦〉以題中字爲韻。卷 23，頁 2127。

40. 仲子陵〈五色琴絃賦〉以「宮商角徵羽文武」爲韻。卷 24，頁 2151。

41. 羅讓〈樂德教冑子賦〉以「育材訓人之本」爲韻依次用。卷 24，頁 2179。

42. 李觀〈鈞天樂賦〉以「上天無聲昭錫有道」爲韻。卷 25，頁 2237。

43. 張友正〈律移寒古賦〉以「至人感音能變生植」爲韻。卷 25，頁 2259。

44. 裴度〈鈞天樂賦〉以「上天無聲昭錫有道」爲韻。卷 25，頁 2299。

45. 裴度〈律中黃鐘賦〉以「聖人有以見天地之賾」爲韻。卷 25，頁 2306。

46. 裴度〈簫韶九成賦〉以「曲終九成百獸皆舞」爲韻。卷 25，頁 2310。

47. 陸復禮〈鈞天樂賦〉以「上天無聲昭錫有道」爲韻。卷 26，頁 2373。

48. 張復元〈太清宮觀紫極舞賦〉以「大樂與天地同和」爲韻。卷 28，頁 2507。

49. 歐陽詹〈律和聲賦〉以「見象聲律以和萬方」爲韻。卷 28，頁 2554。

50. 范傳正〈風過簫賦〉以「無爲斯化有感潛應」爲韻。卷 30，頁 2653。

51. 夏方慶〈風過簫賦〉以「無爲斯化有感潛應」爲韻。卷 30，頁 2671。

52. 獨孤申叔〈樂理心賦〉以「易直子諒油然而生」爲韻。卷 30，頁 2697。

53. 獨孤申叔〈審樂知政賦〉以「同彼吳札觀樂於魯」爲韻依次用。卷 30，頁 2699。

54. 薛勝〈孔子彈文王操賦〉以「審音知人前後一揆」爲韻。卷 30，頁 2711。

55. 劉積中〈樂德教冑子賦〉以「育材訓人之本」爲韻依次用。卷 31，頁 2741。

56. 徐至〈樂德教冑子賦〉以「育材訓人之本」爲韻依次用。卷 31，頁 2745。

57. 鄭方〈樂德教冑子賦〉以「育材訓人之本」爲韻依次用。卷 31，頁 2753。

58. 呂溫〈樂理心賦〉以「易直子諒油然而生」爲韻。卷 31，頁 2836。

59. 呂溫〈樂出虛賦〉以「聲從響際出自虛中」爲韻。卷 31，頁 2843。

60. 呂溫〈齊人歸女樂賦〉以題爲韻。卷 31，頁 2845。

61. 李程〈太常釋奠觀古樂賦〉以「聲淫及商武亂偕坐」爲韻。卷 32，頁 2881。

62. 李程〈大和樂賦〉以「王者之政備于樂聲」爲韻。卷 32，頁 2883。

63. 李程〈鼓鐘于宮賦〉以「喻以鼓鐘自中形外」爲韻。卷 32，頁 2901。

64. 李程〈匏賦〉以「五音克諧」次用爲韻。卷 32，頁 2905。

65. 許康佐〈宣尼宅聞金石絲竹之聲賦〉以「聖德千祀發於五音」爲韻。卷 32，頁 2921。

66. 許堯佐〈壎箎相須賦〉以「樂和同聲然後致理」爲韻。卷 32，頁 2929。

67. 王起〈律呂相生賦〉以「予欲聞六律五聲」爲韻。卷 33，頁 2967。

68. 王起〈鄒子吹律賦〉以「吹律洞微寒谷生黍」爲韻。卷 33，頁 2969。

69. 王起〈宣尼宅聞金石絲竹之聲賦〉以「聖德千祀發於五音」爲韻。卷 33，頁 3045。

70. 王起〈焦桐入聽賦〉以「泠然雅音至聽方識」爲韻。卷 33，頁 3062。

71. 張仲素〈玉磬賦〉。卷 34，頁 3105。

72. 李絳〈太清宮觀紫極舞賦〉以「大樂與天地同和」爲韻。卷 34，頁 3113。

73. 元稹〈奉制試樂爲御賦〉以「和樂行道之本」爲韻。卷 34，頁 3117。

74. 元稹〈善歌如貫珠賦〉以「聲氣圓直有如貫珠」爲韻。卷 34，頁 3120。

75. 白行簡〈舞中成八卦賦〉以「中和所製盛德斯陳」爲韻。卷 36，頁 3247。

76. 杜周士〈樂德教冑子賦〉以「育材訓人之本」爲韻。卷 36，頁 3287。

77. 李紳〈善歌如貫珠賦〉以「聲氣圓直有如貫珠」爲韻。卷 36，頁 3293。

78. 李德裕〈鼓吹賦〉并序。卷 37，頁 3311。

79. 劉公輿〈太常觀四夷樂賦〉以「澤被遠夷入附聲頌」爲韻。卷 37，頁 3385。

80. 吳冕〈昭文不鼓琴賦〉卷 37，頁 3397。

81. 錢眾仲〈舞中成八卦賦〉以「中和所製盛德斯陳」爲韻。卷 37，頁 3411。

82. 張存則〈舞中成八卦賦〉以「中和所製盛德斯陳」爲韻。卷 37，頁 3415。

83. 蔣防〈舜琴歌南風賦〉。卷 38，頁 3503。

84. 趙蕃〈善歌如貫珠賦〉以「聲氣圓直有如貫珠」爲韻。卷 39，頁 3538。

85. 班肅〈笙磬同音賦〉。卷 40，頁 3613。

86. 沈亞之〈柘枝舞賦〉有序。卷 41，頁 3705。

87. 陸瓖〈垓下楚歌賦〉以「漢師清歌遂統天下」爲韻。卷 42，頁 3782。

88. 沈朗〈霓裳羽衣曲賦〉任用韻。卷 42，頁 3787。

89. 李彥芳〈樂德教冑子賦〉以「育材訓人之本」爲韻依次用。卷 42，頁 3789。

90. 謝觀〈琴瑟合奏賦〉。卷 43，頁 3869。

91. 楊發〈大音希聲賦〉以「希則能大物理之常」爲韻。卷 43，頁 3895。

92. 陳嘏〈霓裳羽衣曲賦〉。卷 43，頁 3903。

93. 盧肇〈湖南觀雙柘枝舞賦〉。卷 44，頁 4008。

94. 王棨〈秋夜七里灘聞漁歌賦〉以「明月白露光陰往來」爲韻。卷 45，頁 4073。

95. 王棨〈黃鐘宮爲律本賦〉以「究極中和是爲天統」爲韻。卷 45，頁 4097。

96. 陳庶〈聞韶賦〉以「宣父在齊三月忘味」爲韻。卷 48，頁 4303。

97. 鄭瀆〈吹笛樓賦〉以「時平故事有吹笛樓」爲韻。卷 48，頁 4345。

98. 吳融〈戴逵破琴賦〉卷 48，頁 4364。

99. 黃滔〈漢宮人誦洞簫賦賦〉以「清韻獨新宮娥諷誦」爲韻。卷 49，頁 4403。

100. 黃滔〈戴安道碎琴賦〉以「徒候徽響致聚深情」爲韻。卷 49，頁 4413。

101. 張曙〈擊甌賦〉有序。卷 49，頁 4437。

102. 徐寅〈朱虛侯唱田歌賦〉。卷 50，頁 4460。

103. 徐寅〈歌賦〉以「民信命事聲辭有傷」爲韻。卷 50，頁 4488。

104. 劉隲〈善歌如貫珠賦〉以「聲氣圓直有如貫珠」爲韻。卷 51，頁 4647。

105. 何蠲〈漁父歌滄浪賦〉。卷 53，頁 4795。

106. 楊迺〈舜歌南風賦〉。卷53，頁4811。

107. 張德昇〈聲賦〉。卷54，頁4853。

108. 鄭希稷〈塤賦〉。卷56，頁5067。

109. 翟楚賢〈觀鑄鐘賦〉。卷57，頁5111。

110. 林廬山人〈鍾期聽伯牙鼓琴賦〉。卷57，頁5115。

111. 闕名〈黃鐘管賦〉以「一陽既生三元克序」爲韻。卷58，頁5235。

112. 闕名〈律呂相召賦〉以「聲氣相叶如響之應」爲韻。卷58，頁5237。

113. 闕名〈葭灰應律賦〉以「四時運行應候不差」爲韻。卷58，頁5239。

114. 闕名〈制鐘無聲賦〉以「利刃無滯合神爲用」爲韻。卷59，頁5362。

115. 闕名〈作樂崇德賦〉以「王者順動殷薦趨時」爲韻。卷59，頁5368。

116. 闕名〈審樂知政賦〉以「善聽其樂能識於政」爲韻依次用。卷60，頁5373。

117. 闕名〈吳公子聽樂觀風賦〉以「自鄶已下無聞焉」爲韻。卷60，頁5375。

118. 闕名〈兩階舞干羽賦〉以「皇風廣被夷夏謐清」爲韻。卷60，頁5377。

119. 闕名〈開元字舞賦〉以「全德崇文通節聲色」。卷60，頁5379。

120. 闕名〈國子舞賦〉以「持羽後見形貌雍雅」爲韻。卷60，頁5381。

121. 闕名〈鸂鶒舞賦〉以「屈伸俯仰傍若無人」爲韻。卷60，頁5383。

122. 闕名〈霓裳羽衣曲賦〉。卷60，頁5385。

123. 闕名〈刻桐爲魚扣石鼓賦〉以「感通難測萬里相符」爲韻。卷60，頁5387。

124. 闕名〈泗濱浮磬賦〉以「水中見石可以爲磬」爲韻。卷60，頁5389。

125. 闕名〈泗濱浮磬賦〉以「美石見質琢之成器」爲韻。卷60，頁5391。

126. 闕名〈箜篌賦〉以「奇弄已闋」爲韻。卷60，頁5395。

127. 闕名〈笛賦〉。卷60，頁5397。

128. 闕名〈洞簫賦〉以「平上去入」爲韻。卷60，頁5399。

129. 闕名〈舞馬賦〉有序以「奏之天庭」爲韻。卷60，頁5458。

130. 闕名〈舞馬賦〉以「奏之天庭」爲韻。卷60，頁5460。